RÉFORME

L'ENSEIGNEMENT DU PIANO

RÉFORME

DANS

L'ENSEIGNEMENT DU PIANO
(Cours normal complet)

1re PARTIE

EXERCICES DE PIANO

DANS TOUS LES TONS MAJEURS ET MINEURS

A COMPOSER ET A ÉCRIRE PAR L'ÉLÈVE

PRÉCÉDÉS DE LA

THÉORIE DES GAMMES,

DES MODULATIONS, DU DOIGTÉ, DE LA GAMME HARMONIQUE, ETC.,
ET DE NOMBREUX EXERCICES THÉORIQUES.

OUVRAGE NOUVEAU

UTILE AUX PROFESSEURS, AUX ÉLÈVES, AUX AMATEURS ET AUX MÈRES DE FAMILLE

PAR

MATHIS LUSSY

Quel rôle jouent dans l'enseignement actuel du
Piano l'intelligence et l'initiative de l'Élève ? AUCUN!
Lequel devraient-elles jouer ? LE PRINCIPAL !

PARIS

CHEZ BENOIT, ÉDITEUR DE MUSIQUE, RUE MESLAY, 31.

1863

A M. L'ABBÉ ALOŸS BUSINGER

de STANS (Suisse.)

Hommage de profonde gratitude.

A vous, cher et vénérable Maître et ami, ce premier essai, non pour ce qu'il vaut, mais pour le sentiment qui l'a inspiré et qui vous appartient tout entier.

J'ai désiré être utile; n'est-ce pas mettre en pratique ce que vous m'avez si bien enseigné?

J'ai tenté d'ouvrir une voie nouvelle, rationnelle à l'Enseignement du Piano; n'est-ce pas correspondre à votre ardente aspiration vers tout ce qui peut contribuer au progrès du vrai et du beau?

Puissiez-vous trouver dans mon humble travail un reflet des paternelles leçons données à mon enfance! Ce serait la plus douce récompense qu'oserait ambitionner celui qui vous doit les éléments d'un art qui fait aujourd'hui l'occupation et le charme de sa vie.

MATHIS LUSSY.

Paris, le 25 Août 1863.

PRÉFACE.

Après les éminents travaux des Czerny, Stamaty, Ravina, Bertini, Hummel, Le Couppey et tant d'autres, dont le génie fécond semble avoir épuisé toutes les combinaisons, prévu et aplani toutes les difficultés de mécanisme du piano, peut-être paraîtrons-nous téméraire, nous dont le nom est inconnu, en publiant de nouveaux exercices pour le piano. Il n'y a cependant aucune présomption de notre part dans cette publication. Nous nous inclinons avec respect devant ces maîtres illustres, et nous croyons qu'il est difficile de rien ajouter à leurs travaux. Mais les résultats obtenus au moyen de leurs exercices nous ont inspiré des doutes sur les principes qui leur servent de base.

En effet, l'expérience nous a mis à même de constater qu'après de longues années employées à les déchiffrer, jouer et répéter, l'élève n'a acquis ni la science, ni le sentiment de la musique, et qu'il est incapable de rien produire par lui-même. Cette observation nous a frappé, comme du reste elle a dû frapper tous les praticiens attentifs ; et tout naturellement nous avons été amené à chercher la cause de cette contradiction flagrante entre des exercices si ingénieusement, si savamment combinés et les stériles résultats qu'on en obtient. Cette cause, nous pensons l'avoir trouvée par nos investigations théoriques, et la pratique a pleinement confirmé notre découverte.

La méthode de ces Maîtres et de tous nos devanciers consiste à placer sous les yeux de l'élève des exercices admirablement faits, sans doute, mais des exercices tout faits. On les fait lire, jouer, jouer encore, en surveillant la position de la main, le doigté, etc.; et quand l'élève est parvenu à les bien exécuter matériellement, la tâche du professeur est considérée comme accomplie. Mais si on interroge l'élève sur les principes de la musique, si on lui demande la moindre production, ou même l'analyse du plus petit morceau, il ne sait que répondre. Pourquoi? parce qu'on a fait appel à la vue de l'élève, à ses sens, à ses facultés purement mécaniques, et non à son intelligence; parce que, oubliant que l'élève est doué d'intelligence, de sentiment et de volonté, on n'a point mis en jeu ces forces créatrices. En le privant de toute initiative, de tout élan, de toute spontanéité, de tout pouvoir de raisonner, de vouloir, de créer, on l'a réduit à un rôle servile, et il est tout naturel alors que le sujet ne soit plus qu'une machine à exécuter.

C'est en effet ce qui arrive, même pour les volontés les plus énergiques, qui étudient avec persévérance les exercices jusqu'au bout, sans en excepter les répétitions prescrites. Après ce long et aride labeur, peut-être quelque élève favorisé de la nature promènera-t-il ses doigts avec dextérité sur le clavier, peut-être jouera-t-il très-bien, mécaniquement parlant, les exercices et études, sur lesquels il se sera longtemps fatigué, mais certainement les connaissances vraiment musicales lui feront défaut; il n'aura acquis aucun sentiment de la mesure, du rhythme, de la tonalité, de la modalité, des modulations; aucune notion des principes d'harmonie, de transposition, de doigté; il n'aura, en un mot, aucune idée de la science musicale : on aura fait un lecteur de musique, mais non, en réalité, un musicien.

Nous avons pensé qu'en procédant autrement, il serait possible d'obtenir de meilleurs résultats ; et nous avons adopté des principes tout différents de ceux de nos devanciers, nous pourrions dire diamétralement opposés aux leurs.

Au lieu de placer devant les yeux de l'élève des exercices tout faits et de nous borner à les lui faire répéter à satiété, nous l'excitons, nous le forçons à les composer et à les écrire lui-même.

On nous objectera : Mais c'est difficile, impossible même ! nous répondons : Non ! (1)

Pour obtenir ce résultat, nous posons des principes clairs, précis, certains ; nous faisons usage de procédés faciles et simples ; nous initions notre élève à leur application, nous guidons ses premiers pas, nous stimulons son intelligence, sa volonté, son initiative par des remarques et des questions fréquentes, faites à propos ; nous aplanissons les difficultés en les divisant, en les présentant une à une dans une sage proportion avec la force acquise ; nous avons soin de mettre en relief les difficultés déjà vaincues, les résultats obtenus, afin de l'encourager, de le fortifier pour de nouvelles conquêtes ; et bientôt nous le voyons marcher de progrès en progrès avec une émulation soutenue, sans ennui, sans découragement, sans fatigue même et tout fier de ses succès. Notre élève marche si bien

____

(1) Faites comme nous indiquons ; que le professeur complète nos explications, nos démonstrations par des explications et des démonstrations plus claires, plus nombreuses encore, et les résultats que nous promettons seront infailliblement obtenus ; qui sait ? peut-être l'élève les obtiendra-t-il sans seulement se douter de la difficulté qu'il aura vaincue.

qu'au bout d'une année, nous l'affirmons, il a acquis, par notre méthode, plus de dextérité sur le clavier, plus d'aplomb, plus de connaissances et de sentiment de la musique qu'il n'en eût obtenu en quatre ans par les méthodes actuellement en usage.

Cette assertion paraîtra hardie à beaucoup, utopique même à quelques-uns, peut-être. Cependant, ce n'est point légèrement et *à priori* que nous l'avançons.

Nous aussi nous avons pratiqué et exclusivement pratiqué les exercices les plus recommandés des maîtres les plus célèbres. Mais n'en obtenant pas de résultats satisfaisants, nous avons cherché d'autres moyens, nous avons conçu une autre méthode ; nous l'avons expérimentée pendant douze ans, sur des sujets nombreux, ayant des aptitudes très-diverses, et nous avons *constamment obtenu des résultats infiniment supérieurs à ceux que nous avaient donnés les autres méthodes*. Ce sont ces résultats qui nous ont donné la certitude de la supériorité de la nôtre, et la conviction que nous faisons une chose utile en la publiant.

Le principe fondamental de notre méthode consiste, comme on le voit, dans la continuelle mise en activité, sous l'impulsion et la direction du maître, des facultés physiques et intellectuelles de l'élève.

Mais la routine, cette plaie mortelle de tout enseignement, pourrait se glisser ici comme elle s'insinue ailleurs, et tout stériliser. Pour se tenir en garde contre ce danger, la plus grande vigilance est nécessaire, surtout dans les commencements ; mais on pourra facilement le conjurer, si l'on *a bien saisi l'esprit* de notre méthode, si nos procédés sont employés avec intelligence. Ces procédés exigent, il est vrai, l'action constante et éclairée du professeur, qui doit être attentif à mettre en action toutes les énergies de son élève ; il doit être en un mot éducateur. dans le sens plein de ce terme; mais il se trouvera bientôt amplement dédommagé de sa peine par les progrès rapides et puissants qu'il obtiendra.

C'est maintenant qu'il convient de dire un mot des exercices que contient ce livre.

Ces exercices ne sont pas faits pour être lus, déchiffrés au piano comme ceux dont on se sert actuellement ; c'est pourquoi nous les avons fait graver en petits caractères : ce *sont des modèles, des formules que le maître dicte, montre, fait jouer et écrire* dans une gamme quelconque, selon les besoins, selon la qualité à acquérir, le défaut à corriger, *mais non dans l'ordre où ils sont placés, ni au nombre où nous les donnons ;* car il est utile de le répéter, ces exercices ne sont que des modèles pour l'application de nos procédés, et sont donnés ici seulement pour montrer ce que l'on peut tirer de *l'emploi unique des gammes, de l'arpége de l'accord parfait et de celui de la* 7ᵉ *dominante.*

L'élève aussi doit saisir l'esprit de la méthode ; il doit être excité et amené à trouver lui-même ces exercices, et d'autres analogues, qu'il jouera d'abord en *do*, sans musique devant les yeux, et qu'il transposera ensuite dans d'autres tons ; puis, enfin, il les écrira successivement, à titre de devoir, dans l'intervalle des leçons.

Nous avons la certitude que l'usage de nos exercices donne à l'élève non-seulement plus de force, de souplesse, d'aplomb, de hardiesse, de familiarité avec le clavier, de mécanisme, en un mot, que tous autres, mais encore qu'ils sont plus simples, plus faciles, et donnent, à un degré infiniment supérieur, le sentiment de la mesure, du rhythme, de la modalité, de la tonalité, de la modulation ; la connaissance parfaite de toutes les gammes, de

leur génération, de leur armure, de leur doigté; la connais-
naissance des accords, de la transposition; celle des signes
nécessaires pour représenter les idées d'intonation et de
durée; mais surtout une initiative, une spontanéité, une
indépendance et une facilité d'exprimer et d'analyser ses
propres pensées musicales, ainsi que celles des autres,
qu'on demanderait vainement à d'autres procédés.

Avec notre méthode, l'élève comprend qu'il est le col·
laborateur actif et intelligent du maître. Il forme lui-même
des pensées musicales et apprend à les exprimer sur l'instrument et à les écrire. L'observation et l'analyse deviennent un besoin de son esprit. Il veut se rendre compte de
tout et y réussit d'une manière véritablement surprenante.
Les gammes, les arpéges et les accords les plus hérissés de
dièses et de bémols ne l'effraient pas. Il sent qu'il peut
travailler sans maître; et, arrivé à ce degré de confiance en
lui-même, le piano est devenu son ami, son confident;
il y vole dès qu'il peut disposer d'un moment, et tout est
gagné.

Qu'on nous comprenne bien, nous ne dédaignons pas
les exercices des maîtres. Nous en recommandons au contraire l'usage, notamment ceux des auteurs que nous avons
déjà nommés. Mais nous les voulons à leur place, c'est-à-
dire après que l'élève aura été formé, habitué par notre
travail, qui associe étroitement son intelligence, son sentiment au mécanisme, à en tirer d'autres profits que des
qualités purement mécaniques, et lorsqu'il pourra comprendre le but et l'utilité des exercices qu'on met sous ses
yeux.

Nous ne saurions assez recommander de faire déchiffrer, concurremment avec le travail de nos exercices,
beaucoup d'études bien faciles, des accompagnements de
romances, des morceaux à quatre mains, etc.; mais il

faut avoir grand soin que l'élève les déchiffre en obser-
vant les accents métriques et rhythmiques, c'est-à-dire
qu'il les lise avec le sentiment de la mesure et de la phrase
et avec nuances ; car la routine prendrait volontiers sa revanche, et le fruit de nos exercices courrait de grands périls.

Nous l'avons déjà dit, notre travail est nouveau de forme
et de fond. Peut-être trouvera-t-on nos assertions témé-
raires ; cependant nous nous adressons avec une entière
confiance à nos confrères, ainsi qu'aux hommes compétents,
et nous attendons sans crainte leur jugement sur le produit
de nos méditations et de notre expérience. Nous leur disons : Avant de nous juger, *expérimentez* vous-mêmes
notre méthode, sans aucune idée préconçue, sans pas-
sion, avec impartialité. Nous ne redoutons pas votre criti-
que, elle nous sera certainement favorable, et vous de-
viendrez, nous n'en doutons pas, nos collaborateurs dans
la poursuite et la réalisation d'un grand progrès dans
l'enseignement musical. Nous ne réclamons qu'une chose :
des observations et des remarques *basées sur l'expérience.*
Nous en profiterons avec reconnaissance pour perfection-
ner notre ouvrage.

A ceux de nos lecteurs qui voudront bien trouver nos
idées bonnes, neuves, originales, nous promettons pour
bientôt d'autres nouveautés plus originales encore dans
l'ouvrage que nous allons publier incessamment, fruit de
quinze ans de méditations et de pratique (1) ; car notre
publication actuelle n'est que la première partie d'un

---

(1) Traité élémentaire théorique et pratique de l'expression musicale,
contenant des règles, basées sur les accents métriques, rhythmiques et em-
phatiques, sur les nuances et le mouvement, dont l'observation permettra
à chacun de jouer avec correction, style, expression et sentiment, tous les
morceaux proportionnés à sa force, depuis les compositions les plus élémentaires jusqu'aux plus transcendantes; ouvrage nouveau indispensable
à tous les musiciens, et complément de toutes les méthodes de musique.

grand ouvrage sur l'enseignement du piano, qui paraîtra par fragments successifs.

L'entreprise est grande, nous le savons. Peut-être même est-elle au-dessus de nos forces. Mais nous avons la conviction que nos idées sont bonnes et fécondes. Cette conviction nous soutiendra dans notre tâche ; l'avenir fera le reste.

PRINCIPES

MÉTHODIQUES.

Dans l'enseignement du piano comme dans tout système d'enseignement, les principes ont une importance capitale et exercent une influence souveraine sur la marche des études. Nous avons donc nos principes, que nous allons exposer, en commençant par quelques considérations préliminaires.

Il est universellement reconnu que les gammes et les arpéges offrent les exercices les plus propres à développer, à fortifier, à régulariser les divers mouvements des doigts. A ce titre, ils serviront seuls de base à notre travail (1) et l'on verra les résultats immenses que l'on peut en obtenir. Ainsi tous les exercices de la première série, au nombre de 281, reposent exclusivement sur la gamme majeure et la gamme mineure. Si l'on multiplie les exercices de cette série par 44, qui est le nombre des *tons* usités, on obtient la somme considérable de plus de 3,000 exercices sur les gammes seulement. En outre, comme il faut jouer ces exercices de quatre manières différentes : 1° *Legato* (tels qu'ils sont

(1) Pourquoi en admettrions-nous d'autres? Est-ce que ces deux genres d'exercices ne renferment pas tous les cas de successions de notes possibles? En effet, dans les compositions les plus élémentaires comme dans les plus compliquées, les notes se succèdent, ou par degrés *conjoints*, dans ce cas, ce sont des fragments de gammes; ou par degrés *disjoints*, et dans ce cas, ce sont des fragments d'accords; ou enfin elles forment plusieurs parties, et dans ce cas encore c'est un enchainement d'accords qui servent de base à nos exercices de la deuxième série.

écrits); 2º *Staccato* [notation] ou [notation] ; 3º avec une prolongation [notation] ou [notation] ; et 4º avec un silence [notation]. On voit que la première série seule donne plus de 10,000 exercices.

Tous ces exercices peuvent être joués et transposés dans toutes les gammes, avec le doigté prescrit ; mais on doit les faire jouer de préférence dans celles qui ont pour tonique une touche noire ou une forte armure, par exemple : en *ré b, la b, si* naturel, etc. Par là, mais par là seulement, on familiarisera l'élève avec les touches noires et le clavier en général, et on lui donnera de l'aplomb, un jeu net et franc, et surtout une bonne tenue de la main.

Bien entendu, l'élève devra laisser de côté les exercices qui ne lui offriraient plus de difficulté, car lorsqu'il aura joué les exercices les plus utiles dans cinq ou six tons bien chargés de dièses ou de bémols, il devra passer à ceux qu'il n'aurait pas encore abordés et qui exigeraient toute son application.

Les exercices de la deuxième série sont basés sur l'arpége de l'accord parfait et de celui de septième de dominante. Ils sont encore plus nombreux que ceux de la première série et peuvent de même être joués dans tous les tons majeurs et mineurs, et de quatre manières différentes.

Les exercices sur l'accord de septième dominante doivent de plus être joués en octaves.

En outre, parmi ces exercices, il s'en trouve qui, contenant trois notes par temps, peuvent et doivent même être joués de de la manière suivante : 1º avec une prolongation sur la deuxième note du groupe [notation] ou [notation] ; 2º avec un silence [notation].

Enfin la troisième série comprend quelques exercices qui nous paraissent indispensables, mais qui exigent un doigté particulier et exceptionnel, et qui, en outre, présentent plus de difficultés pour l'exécution et la transposition. Ils doivent être exécutés avec la musique sous les yeux.

Nous croyons nouveau le moyen que nous indiquons pour trouver, pour former les gammes et surtout les accords. Par l'application de nos procédés, — nous l'affirmons — un enfant de dix ans est capable, au bout d'une heure, de former dans tous les tons majeurs et mineurs les principaux accords, et, à plus forte raison, ceux nécessaires pour nos exercices d'arpége. (Voir la gamme harmonique, page 49).

Voici maintenant les principes qui nous ont guidé et qui doivent servir de règle dans l'enseignement de notre méthode.

1er PRINCIPE.

L'enseignement devant avoir pour triple but : 1° L'acquisition du mécanisme du piano; 2° la connaissance de la science musicale; 3° et le développement du sentiment de l'art, il faut faire marcher de front la théorie et la pratique, et exiger que l'élève se rende compte de celle-ci par l'intelligence de celle-là, de manière que son savoir grandisse progressivement dans l'une comme dans l'autre. On obtiendra ce résultat au moyen des nombreux devoirs écrits qu'il sera tenu de faire dans l'intervalle des leçons en appliquant les principes théoriques, et que nous indiquons dans les exercices pratiques qui suivent chaque chapitre de théorie. (Innovation que nous croyons des plus heureuses et sur laquelle nous prenons la liberté d'attirer l'attention des professeurs.) Nous ne saurions trop recommander ce travail de devoirs, qui doit conduire l'élève à de grands et solides progrès.

2e PRINCIPE.

Faire constamment appel aux facultés intellectuelles de l'élève, lesquelles doivent conduire tout le travail purement mécanique et le rendre vivant et fécond; car toute étude, tout exercice où l'intelligence n'a aucune part demeure stérile et sans profit réel.

3e PRINCIPE.

Obliger l'élève à trouver lui-même les gammes et les exercices d'arpége avec leur doigté et à les exécuter d'après les indications données, par le maître, qui doit suivre ce travail avec le plus grand soin, afin de corriger scrupuleusement tout ce qu'il pourrait présenter de défectueux.

Ce travail de création qui encourage l'élève, le dispense en même temps d'avoir de la musique devant les yeux ; ce n'est que plus tard qu'il écrira les exercices ainsi composés et joués par lui, et qu'il jouera ensuite de nouveau en les lisant, ce qui le conduira naturellement à ceux de Czerny, de Stamaty, de Bertini, de Ravina, Le Couppey, etc.

4ᵉ PRINCIPE.

Diviser, isoler les difficultés, point fondamental ici comme dans toute espèce d'enseignement. Ne jamais en présenter plusieurs à la fois. Ainsi il faut d'abord faire jouer tous les exercices avec chaque main séparément, sans musique devant les yeux, afin de concentrer toute l'attention de l'élève là où elle est sollicitée par l'obstacle à surmonter.

5ᵉ PRINCIPE.

Notre travail étant surtout une œuvre de sentiment et d'intelligence, préférer toujours une qualité de sentiment (comme le sentiment de la mesure, du rhythme, etc.), qu'un exercice peut développer, à une qualité purement mécanique.

D'après ce principe, il faut rejeter tout exercice qui n'offrirait pas de mesure. Par exemple, si l'élève joue la gamme sans s'arrêter plus particulièrement sur la tonique, sans lui donner la moitié plus de durée qu'aux autres notes de la gamme, sans la frapper plus fortement, il n'y aura pas de mesure. L'élève acquerra sans doute de la vélocité et de l'agilité dans les doigts, mais rien de plus. Si, au contraire, il exécute la gamme en accentuant la tonique, en lui donnant la moitié plus de valeur qu'aux autres notes, l'exercice lui donnera : 1° le sentiment de la mesure, c'est-à-dire du retour périodique d'un son fort ; 2° le sentiment, la connaissance des accents métriques ; 3° celui de la phrase musicale ; 4° la connaissance de l'ellipse, car la tonique aiguë termine à la fois la série ou gamme ascendante et commence la série descendante, remplissant ainsi la double fonction de note finale et de note initiale. En outre, cet exercice ainsi joué offrira une très-grande facilité au maître pour surveiller et rectifier le doigté, si la gamme est exécutée dans l'étendue de plusieurs octaves, le doigté des octaves supérieures étant le même que celui de la première octave (1).

Nous regardons la manière défectueuse de jouer les gammes sans une plus longue valeur sur la tonique comme une des causes principales du peu de netteté, du peu de mesure qu'on trouve dans le jeu de tant de pianistes.

---

(1) Bien entendu ces qualités une fois acquises, il faut jouer les gammes avec une égale valeur sur toutes les notes, afin d'obtenir aussi les qualités de mécanisme que l'exercice des gammes peut donner.

6ᵉ **PRINCIPE.**

Chercher à donner à un même exercice le plus de qualités possible, ainsi que le montre l'exemple ci-dessus, et comme en fournit un autre, l'arpége de l'accord de septième de dominante, avec un accent de trois en trois, ou trois notes par temps.

On remarquera, en effet, qu'avec un accent de quatre en quatre c'est toujours le pouce qui frappe la note forte. Or, comme le pouce est, de tous les doigts, celui qui a le plus de force, il n'a, par conséquent, nul besoin d'être exercé sous ce rapport. Mais si au lieu de jouer l'exercice avec un accent de quatre en quatre, on le joue avec un accent de trois en trois, on développera l'indépendance de chaque doigt, car chacun, dans cet exercice, s'habituera à frapper fort à tour de rôle.

Pour les mêmes raisons, il faudra arpéger l'accord parfait avec un accent de 2 en 2 et de 4 en 4.

D'après ce principe, il faut faire jouer chaque exercice *pianissimo*, *piano*, *mezzo-forte*, *forte*, *fortissimo; crescendo*, *decrescendo*, et des quatre manières indiquées plus haut, mais surtout *legato* et *staccato*.

7ᵉ **PRINCIPE.**

Rendre le travail aussi intelligible et aussi attrayant que possible, afin d'en bannir l'ennui et le découragement. Dans ce but, il est utile de changer fréquemment les exercices, de renoncer momentanément à ceux qui offrent trop de difficultés, et d'en faire composer qui exigent un grand mouvement. Car tout exercice qui enchaîne la main à la même place est moins susceptible d'attrait que celui qui demande plus de mouvement. Les exercices de cinq notes avec immobilité de la main doivent donc être donnés par petites portions, et lus dans la méthode qu'on suit ou dans la troisième série de nos exercices.

8ᵉ **PRINCIPE.**

Toujours plus d'exercice pour la main gauche et le quatrième doigt de chaque main, la main gauche et les quatrièmes doigts étant généralement plus faibles.

PRINCIPES THÉORIQUES

servant de base à la première série de nos
Exercices.

____

DES GAMMES.

Il y a dans la musique moderne trois espèces de gammes, ou
échelles de sons, trois airs-types, dans lesquels les compositeurs
prennent les notes pour en former des chants :

1° La gamme majeure;

2° La gamme mineure;

3° La gamme chromatique.

DE LA GAMME MAJEURE [1].

On appelle gamme majeure la succession des huit notes *do, ré,
mi, fa, sol, la, si, do* ou toute autre succession de sons qui produit
le même air, le même chant (2).

La gamme de *do* est donc le type, le modèle, le terme de com-
paraison des gammes majeures, qui toutes doivent produire identiquement son air, son chant.

Si nous frappons, par exemple, la succession des notes *sol, la, si,
do, ré, mi, fa, sol*, on aura, à la vérité, le nombre de notes nécessaires pour constituer une gamme; cependant elles n'en formeront
pas une, par la raison qu'elles ne produiront pas, n'imite-
ront pas le chant typique de la gamme de *do* : car *fa, sol* ne produisent pas l'effet de *si, do*; cela est facile à démontrer. Frappons

____

(1) Cette gamme est appelée par les Allemands et les Italiens *gamme dure*.

(2) A la vérité, il n'y a que sept notes différentes, mais on y ajoute le *do*
aigu, afin de compléter le sens et d'offrir à l'oreille un ensemble, une
phrase, un repos musical.

le *sol*, base de cette succession de notes, appelons-le, pour le moment *do*, et chantons trois ou quatre fois, sans frapper sur le piano, la gamme de *do*, avec ce *sol* pour point de départ, nous verrons que sur le piano les syllabes *do*, *ré*, *mi*, *fa*, *sol*, *la*, s'appliquent très-bien aux touches *sol*, *la*, *si*, *do*, *ré*, *mi*, et sont très-bien rendues par elles ; mais l'effet de *si*, *do* n'est plus produit par les touches *fa*, *sol*.

Il y a donc là quelque chose de mauvais, de défectueux : *fa*, *sol* ne donnant pas l'effet de *si*, *do*. Ne le produisant pas, il faut qu'il y ait une différence d'intervalle, car les intervalles égaux produisent des effets égaux (1).

Cherchons à vaincre la difficulté et à effacer cette défectuosité ; essayons de prendre, au lieu de *fa* mauvais, une autre touche. Notre choix n'est pas grand, puisqu'entre le *fa* et le *sol*, il n'y a qu'une seule touche noire à laquelle nous puissions recourir et qui soit succeptible de remplacer le *fa*. N'importe, prenons-la ! Grâce à elle, on obtient l'effet de *si do* et les notes *sol*, *la*, *si*, *do*, *ré*, *mi*, *fa*, (*fa* remplacé par la noire à sa droite) et *sol* nous donnent un chant, un air exactement semblable à celui que produit la gamme de *do*, nous avons, en un mot, une gamme majeure.

(1) Ici on doit placer une démonstration des plus importantes : celle de l'intervalle de seconde majeure et mineure, la première appelée ton, la deuxième appelée demi-ton, base de toute la théorie de l'intonation.

Fa, *sol* ne produisant pas l'effet de *si*, *do*, et *fa* devant être remplacé par *fa*♯ il y a évidemment une différence d'intervalle, de distance, de ligne de séparation entre *fa-sol* et *si-do*; or, l'intervalle *fa*♯*-sol*, égal à celui de *si-do*, ne l'est pas à celui de *fa-sol*.

Donc il y a la distance ou seconde *fa-sol* égale à celle de *do-ré*, *ré-mi*, *sol-la*, et *la-si*, plus grande que *si-do*, laquelle est égale à *mi-fa* et à *fa*♯*-sol*.

La seconde étant l'élément constitutif de tous les intervalles : des tierces, des quintes, des sixtes, etc., il s'ensuit que chacun de ces intervalles peut être composé de plus ou moins de secondes majeures ou mineures, ce qui le rendra majeur ou mineur, selon qu'il contiendra plus ou moins de ces secondes ; par exemple, deux secondes majeures, comme *do-ré* et *ré-mi* formeront évidemment une tierce plus grande que la seconde majeure et la seconde mineure *ré-mi* et *mi-fa*. Donc, l'intervalle *do-mi* formera une tierce majeure et *ré-fa* une tierce mineure, etc.

Pour trouver si un intervalle est majeur ou mineur, il faut toujours le comparer aux intervalles de son espèce : les tierces aux tierces, les quartes aux quartes, etc.

Que fait donc cette touche noire? Elle remplace ici le *fa* défectueux, trop bas. On appelle dièse (♯) une note, une touche qui en remplace une autre défectueuse, trop basse.

Prenons maintenant la succession formée par les notes *fa, sol, la, si, do, ré, mi, fa*. Donnons aussi nomentanément à ce *fa* le nom de *do*, et chantons plusieurs fois de suite la gamme de *do* avec ce *fa* pour point de départ. Appliquons ensuite à chaque touche de la gamme de *fa* une syllabe de la gamme de *do*, nous verrons qu'en montant les touches *fa, sol, la* rendent très-bien l'effet de *do, ré, mi*, et en descendant les touches *fa, mi, ré, do*, celui de *do, si, la, sol*; mais, arrivé au *si*, l'effet est mauvais : le *si* ne rend pas celui de *fa* ni en montant ni en descendant

Cherchons donc aussi à le remplacer par une autre touche. Notre choix, ici encore, n'est pas grand, car entre le *la* et le *si* il n'y a qu'une seule touche noire qui puisse remplacer le *si* défectueux, trop haut. Prenons-la. Grâce à elle (avec ce *si* noire) on obtient l'effet de *mi fa* en montant et de *sol fa* en descendant; et les notes *fa, sol, la, si* (*si* remplacé par la touche noire à sa gauche); *do, ré, mi, fa* produisent l'effet, un chant, un air identiquement semblable à celui de la gamme de *do*; nous avons, en un mot, encore une fois une gamme majeure. Que fait donc ici cette touche noire? Elle remplace le *si* défectueux, trop haut.

On appelle bémol (♭) une note, une touche qui en remplace une autre défectueuse trop haute.

Chaque touche du piano peut ainsi être prise pour point de départ d'une gamme, c'est-à-dire peut jouer le rôle, la fonction de *do* (1), et on obtiendra sur chacune d'elles une gamme majeure, tout-à-fait semblable à celle de *do, si on remplace les touches défectueuses trop graves par des touches plus hautes appelées dièses, et les touches défectueuses trop hautes par des plus graves appelées bémols.*

Donc il n'y a en réalité qu'une gamme majeure, qu'un type majeur dans la musique moderne (2).

Les *dièses* et les *bémols*, jouant le rôle de notes naturelles, prennent le nom des touches qu'elles remplacent. Exemple : le dièse

---

(1) Voir au chapitre : *Des fonctions des notes de la gamme,* page 30.

(2) Nous parlerons de la différence caractéristique des gammes, différence résultant du tempérament, de l'accord du piano, du point d'élévation de la tonique, dans le chapitre intitulé : *Caractéristique des gammes,* qui fera partie de notre Traité de l'expression musicale.

qui, dans la gamme de *sol*, tient lieu d'un *fa* trop bas, s'appelle *fa
dièse;* et le bémol qui remplace, dans la gamme de *fa*, le *si* défectueux trop haut, s'appelle *si bémol. Remplacer* un son trop grave
par un son plus haut s'appelle *dièser, hausser; remplacer* un son
trop haut, trop aigu par un son plus grave s'appelle *bémoliser, baisser.*
Une touche à la droite d'une autre produit un son plus aigu, plus
haut; une touche à la gauche d'une autre fait sonner un son plus
bas, plus grave.

Détruire un dièse, c'est aller à sa gauche, c'est descendre, baisser
ou bémoliser; détruire un bémol, c'est aller à sa droite, c'est
monter, hausser ou dièser. Baisser un dièse, c'est le rendre naturel,
c'est le remplacer par la touche à gauche. Hausser un bémol, c'est
le rendre naturel, c'est le remplacer par la touche à droite; un
dièse est donc un remplaçant d'un son trop bas, il hausse; le
bémol est un remplaçant d'un son trop haut, il baisse.

Les touches noires servent donc à remplacer des touches blanches défectueuses, et les dièses et bémols, loin d'éloigner du type
modèle, font au contraire que toutes les gammes lui ressemblent,
et ce n'est que grâce à eux qu'il n'y a qu'une seule gamme majeure.

Le professeur doit continuer la démonstration des dièses et des
bémols en faisant d'abord indiquer les gammes ayant des dièses et
en appliquant successivement à chacune les procédés ci-dessus
dans l'ordre suivant : *Sol, ré, la, mi, si, fa* ♯; elles se présentent
de quinte en quinte en montant, ou de quarte en quarte en descendant. Arrivé au *fa* ♯, il s'arrête.

Pour les gammes ayant des bémols, dans l'ordre suivant : *fa,
si* ♭, *mi* ♭, *la* ♭, *ré* ♭, *sol* ♭; elles se présentent de quinte en quinte
en descendant, et de quarte en quarte en montant. Arrivé au *sol* ♭
il s'arrête encore.

Il faut démontrer la succession de toutes les gammes en commençant soit par celles qui prennent des dièses, soit par celles qui
prennent des bémols, avec prudence, progressivement et avec la
main droite seule, *sans s'arrêter spécialement sur aucune,* mais
simplement pour la nécessité de la démonstration des dièses et des
bémols, leur filiation et succession; mais aussitôt que l'élève aura
compris la génération des gammes, la nécessité des dièses et bémols, leur usage et emploi, on quittera cette démonstration et on
jouera les gammes dans l'ordre que nous indiquons à la fin de la
première partie pratique, au chapitre : *De la succession des gammes,*

sauf à y revenir plus tard et le plus souvent possible, jusqu'a ce
que l'élève ait bien compris.

Pour résumer tout ce que le professeur aura dit relativement à la
génération des gammes et à celle des dièses et des bémols, il fera
construire ici par l'élève le tableau des gammes majeures suivant,
que ce dernier devra conserver constamment sous les yeux pendant
la lecture des remarques qui l'accompagnent.

TABLEAU DES GAMMES MAJEURES

	7♭	6♭	5♭	4♭	3♭	2♭	1♭	0	1#	2#	3#	4#	5#	6#	7#	
2e Tétracorde	do♭	sol♭	ré♭	la♭	mi♭	si♭	fa	do	sol	ré	la	mi	si	fa#	do#	Ligne des #
	si♭	fa	do	sol	ré	la	mi	si	fa#	do#	sol#	ré#	la#	mi#	si#	
	la♭	mi♭	si♭	fa	do	sol	ré	la	mi	si	fa#	do#	sol#	ré#	la#	2e moitié
	sol♭	ré♭	la♭	mi♭	si♭	fa	do	sol	ré	la	mi	si	fa#	do#	sol#	
Ligne des ♭	fa♭	do♭	sol♭	ré♭	la♭	mi♭	si♭	fa	do	sol	ré	la	mi	si	fa#	
	mi♭	si♭	fa	do	sol	ré	la	mi	si	fa#	do#	sol#	ré#	la#	mi#	
1er tétracorde	ré♭	la♭	mi♭	si♭	fa	do	sol	ré	la	mi	si	fa#	do#	sol#	ré#	1re moitié
	do♭	sol♭	ré♭	la♭	mi♭	si♭	fa	do	sol	ré	la	mi	si	fa#	do#	
ARMURE	7♭	6♭	5♭	4♭	3♭	2♭	1♭	0	1#	2#	3#	4#	5#	6#	7#	ARMURE

Ce Tableau doit être lu de bas en haut, en partant du *do* de la colonne du milieu

Remarques sur le Tableau qui précède :

1° La gamme-type de *do* est au centre du tableau, ayant à sa
droite les gammes par dièses, celles que l'on obtient en prenant
toujours la dominante ou cinquième note de la gamme pour tonique;
et a sa gauche les gammes par bémols, celles qui se forment en
prenant successivement pour tonique la sous-dominante ou
quatrième note de la gamme.

2° Les dix-sept (1) gammes qu'il renferme étant toutes formées

(1) Faute d'espace nous nous arrêtons, dans ce tableau, pour les gammes par #
à celle de *do* #, et pour les gammes prenant des ♭ à celle *do* ♭; mais l'élève
devra, sur le tableau qu'il fera, ajouter la gamme de *sol* # et de *fa* ♭, afin
de mieux saisir l'entrée, l'origine des doubles dièses et des doubles bémols.

le même nombre de secondes majeures et de secondes mineures disposées de la même manière, sont parfaitement égales et reproduisent toutes l'air du type, *do, ré, mi, fa, sol, la, si, do*, joué à des hauteurs différentes. *Lorsque l'on joue l'une quelconque de ces gammes, c'est donc toujours l'air do, ré, mi, fa, sol, la, si, do que l'on fait entendre.* Le nom de la tonique a changé et avec lui le nom d'une ou de plusieurs notes; le point de départ n'est plus le *do* du diapason, c'est un son plus grave ou plus aigu ; mais les intervalles sont invariables; dans chacune de ces gammes ils sont identiquement les mêmes que dans la gamme modèle de *do*.

3° La *moitié aiguë* d'une gamme quelconque devient *moitié grave* dans la gamme à sa *droite*, et la *moitié grave* d'une gamme quelconque devient *moitié aiguë* dans la gamme à sa *gauche*. Donc, la gamme est composée de deux moitiés égales entre elles, appelées tétracordes (une suite de quatre notes) et produisant identiquement le même air.

4° Les dièses et bémols ont été introduits dans la gamme pour pouvoir reproduire constamment l'air de la gamme de *do*, tout en accordant successivement le rôle de tonique aux notes *sol, ré, la, mi, si, fa♯, do♯, sol♯*, etc. Les dièses et bémols rendent toutes ces gammes égales, loin de les rendre dissemblables. (Vérifiez.)

5° La gamme de *do* ayant un demi-ton ou seconde mineure à la fin de chaque tétracorde, c'est-à-dire du 3e au 4e, et du 7e au 8e degré, toutes les gammes doivent avoir de même une seconde mineure du 3e au 4e, et du 7e au 8e degré.

De là la nécessité des ♯ et des ♭.

6° Si l'on prend la dominante pour tonique, la sous-dominante disparaît pour être remplacée par un son plus aigu appelé dièse, et qui est la sensible de la nouvelle gamme. (Vérifiez).

7° Chaque dominante devenue tonique faisant entrer un dièse nouveau, on voit arriver tous les dièses l'un après l'autre en prenant les toniques de *dominante en dominante*, c'est-à-dire, de *quinte en quinte majeure* en montant; chaque gamme du tableau a donc un dièse de plus que celle qui est à sa gauche, et un de moins que celle qui est à sa droite. (Vérifiez.)

8° On a le nom de toutes les gammes qui ont des dièses en partant de *do*, et en appelant les sons de quinte majeure en quinte majeure, en montant; exemple : *do, sol, ré, la, mi, si, fa* ♯; *do, sol*, quinte majeure; *sol, ré*, quinte majeure; *ré, la*, quinte majeure; *la, mi,* quinte majeure, etc. C'est ainsi que l'on a pu dire que les toniques des gammes par dièses étaient *sol, ré, la, mi, si, fa ♯, do ♯, sol ♯, ré ♯,* etc. (Vérifiez.)

9° Puisque les sous-dominantes deviennent toutes successivement sensibles, on a dit que les dièses frappaient successivement toutes les sous-dominantes, ou qu'ils entraient dans les gammes de quinte majeure en quinte majeure, en montant; exemple : *fa ♯, do ♯, sol ♯, ré ♯, la ♯, mi ♯, si ♯,* etc. (Vérifiez.)

10° Au fur et à mesure que les dièses se présentent, ils se conservent dans les gammes suivantes : ainsi *fa ♯,* de la gamme de *sol,* reste dans celle de *ré,* qui prend en plus *do ♯.* Ces deux ♯ restent dans la gamme de *la,* qui, en outre, prend encore *sol ♯.* (Vérifiez.)

11° Les dièses se présentent de quinte en quinte, en montant, dans l'ordre de succession suivant : *fa ♯, do ♯, sol ♯, ré ♯, la ♯, mi ♯, si ♯, fa ✚, do ✚.* La gamme qui n'a qu'un ♯ a le premier, le *fa ♯*; la gamme qui a quatre ♯ les quatre premiers, qui sont *fa ♯, do ♯, sol ♯, ré ♯,* etc. (Vérifiez.)

12° A partir de la sixième tonique par dièse, la tonique est elle-même un dièse (*fa* dièse, *do* dièse, *ré* dièse, etc. (Vérifiez.) C'est qu'à partir de la cinquième gamme par dièse, la dominante est diésée, et que c'est cette dominante qui est prise pour tonique de la gamme suivante.

13° A partir de la huitième gamme par dièse, aussitôt que le *sol dièse* est devenu tonique, la sous-dominante à éliminer se trouvant être un dièse (vérifiez), la nouvelle sensible qui vient remplacer cette sous-dominante déjà diésée a reçu le nom de *double dièse* et a été marquée comme suit : ✚, au lieu d'un ♯.

D'après cela, qu'est-ce qu'un double dièse ? C'est un son qui fait, avec le dièse placé immédiatement au-dessus de lui, l'air *si, do*; c'est la sensible du son diésé placé immédiatement au-dessus de lui. Le double dièse a donc la même origine que le dièse : il transforme une sous-dominante en sensible; c'est un remplaçant d'un ♯ trop bas; il remplit vis-à-vis de ce dernier le même rôle que le simple ♯ remplit à l'égard de la note naturelle.

14° Le tableau nous montre encore pourquoi la gamme de *sol* a un dièse, et pourquoi elle n'en a qu'un ; pourquoi la gamme de *ré* a deux dièses et pourquoi elle n'en a que deux ; pourquoi la gamme de *la* a trois dièses et pourquoi elle n'en a que trois, et ainsi de toutes les autres. C'est que chacune de ces gammes avait un, deux,

trois sons, etc. défectueux placés plus bas que les sons correspondants de la gamme de *do*, et qu'il a fallu les remplacer par les
nouveaux sons appelés dièses, qui ont pour but de rendre chaque
nouvelle gamme semblable à la gamme type, à la gamme de *do*.

15° Chaque dièse étant une sensible, pour qu'il soit juste, il faut
qu'il fasse avec sa tonique l'air *si do*.

16° Chaque double dièse étant une sensible, pour qu'il soit juste,
il faut qu'il fasse avec sa tonique (le dièse supérieur), l'air *si do*.

17° Chaque gamme ayant un nombre de dièses fixe, déterminé,
on a pu dire que telle tonique amenait tant de dièzes dans la gamme,
ou que tant de dièses déterminaient telle tonique ; ainsi on dit que :

LA GAMME DE		
sol a 1 ♯ qui est fa ♯	‖	1 ♯ qui est fa ♯ donne pour tonique sol
ré a 2 ♯ qui sont fa ♯ et do ♯	‖	2 ♯ qui sont fa ♯. do ♯ donnent pour tonique ré
la a 3 ♯ — la ♯. do ♯, sol ♯	‖	3♯ — fa ♯, do ♯, sol ♯ — la
mi a 4 ♯ — fa ♯, do ♯, sol ♯, ré ♯	‖	4♯ — fa ♯. do ♯, sol ♯, ré ♯ — mi
si a 5 ♯ — fa ♯, do ♯, sol ♯. ré ♯, la ♯	‖	5♯ — fa ♯, do ♯, sol ♯, ré ♯, la ♯ — si
fa♯ a 6♯ — fa♯, do♯, sol♯, ré♯, la♯, mi♯	‖	6♯ — fa♯, do♯, sol♯, ré♯. la♯, mi♯ — fa
do♯ a 7♯ — fa♯, do♯, sol♯, ré♯, la♯, mi♯, si♯	‖	7♯ — fa♯, do♯, sol♯, ré♯, la♯, mi♯, si♯ — do

18° Si l'on prend la tonique pour dominante (la sous-dominante
pour tonique), la tonique disparaît pour être remplacée par un son
plus grave appelé bémol, et qui est la sous-dominante de la nouvelle
gamme. (Vérifiez.)

19° Chaque sous-dominante, devenue tonique, faisant entrer un
bémol nouveau, on voit arriver tous les bémols, l'un près l'autre,
en prenant les toniques de sous-dominante en sous-dominante ;
c'est-à-dire de quinte majeure en quinte majeure, en descendant.
En partant de *do* et allant à gauche, chaque gamme, chaque
colonne du tableau a donc un bémol de plus que celle qui est à sa
droite, et un de moins que celle qui est à sa gauche. (Vérifiez.)

20° En partant de *do*, on a le nom de toutes les toniques par
bémols, en appelant successivement les sons de quinte majeure en
quinte majeure, en descendant. Exemple : *do fa*, en descendant,
quinte majeure, *fa si ♭*, quinte majeure ; *si ♭. mi ♭*, quinte majeure,
etc., c'est-à-dire que l'on a pu dire que les toniques des gammes par
bémols étaient *fa, si ♭, mi ♭, la ♭, ré ♭, sol ♭, do ♭*, etc. (Vérifiez.)

21° Puisque les sensibles deviennent toutes successivement sous-
dominantes, on a dit que les bémols frappaient successivement toutes
les sensibles, ou qu'ils entraient dans les gammes de quinte majeure

en quinte majeure, en descendant ; exemple : *si* ♭, *mi* ♭, *la* ♭, *ré* ♭, *sol* ♭, *do* ♭, etc. (Vérifiez.)

22° Au fur et à mesure que les bémols se présentent, ils se conservent dans les gammes suivantes ; ainsi *si* ♭ de la gamme de *fa* reste dans celle de si ♭, qui prend de plus *mi* ♭. Ces deux bémols restent dans la gamme de *mi* ♭ qui prend encore *la* ♭. (Vérifiez.)

23° Les bémols se présentent de quinte en quinte en descendant, dans l'ordre de succession suivant : *si* ♭, *mi* ♭, *la* ♭, *ré* ♭, *sol* ♭, *do* ♭, *fa* ♭, *si* ♭, *mi* ♭. La gamme qui n'a qu'un ♭ a le premier, le *si* ♭ ; la gamme qui a quatre ♭ a les quatre premiers, qui sont : *si* ♭, *mi* ♭, *la* ♭, *ré* ♭, etc. (Vérifiez.)

24° A partir de la deuxième tonique par bémols, la tonique est elle-même un bémol : *si* bémol, *mi* bémol, *la* bémol, etc. (Vérifiez.) C'est qu'à partir de la première gamme par bémol, la sous-dominante est bémolisée, et que c'est cette sous-dominante qui est prise pour tonique de la gamme suivante, à gauche. (Vérifiez.)

25° A partir de la huitième gamme par bémol, aussitôt que le *fa* bémol est devenu tonique, la sensible à éliminer étant un bémol (vérifiez), la nouvelle sous-dominante qui vient remplacer cette sensible *déjà* bémolisée a reçu le nom de *double bémol*, et a été marquée de deux bémols au lieu d'un, de la manière suivante ♭♭.

D'après cela qu'est-ce qu'un double bémol? C'est un son qui fait avec le bémol placé au-dessous de lui, l'air *fa mi* ; c'est la sous-dominante de la tonique bémolisée placée à une quarte mineure au-dessous de lui ; le double bémol a donc la même origine que le bémol : il transforme une sensible en sous-dominante. (Vérifiez.) C'est un remplaçant d'un bémol trop haut ; il remplit vis-à-vis de ce dernier le même rôle que le simple ♭ remplit à l'égard de la note naturelle.

26° Le tableau nous montre encore pourquoi la gamme de *fa* a un bémol et pourquoi elle n'en a qu'un ; pourquoi la gamme de *si* bémol a deux bémols et pourquoi elle n'en a que deux ; pourquoi la gamme de *mi* bémol en a trois et pourquoi elle n'en a que trois, etc. C'est que chacune de ces gammes avait un, deux, trois sons etc., défectueux, placés plus haut que les sons correspondants de la gamme de *do*, et qu'il a fallu les remplacer par des sons nouveaux appelés bémols, qui ont pour but de rendre chaque nouvelle gamme égale à la gamme type, à la gamme de *do*.

27° Chaque bémol étant une sous-dominante, pour qu'il soit juste, il faut qu'il fasse avec sa médiante l'air *fa mi*.

28° Chaque double bémol étant une sous-dominante, pour qu'il soit juste il faut qu'il fasse avec la médiante (le bémol inférieur), l'air *fa mi*.

29° Enfin chaque gamme ayant un nombre de bémols fixes, déterminés, on a pu dire que telle tonique amenait tant de bémols dans la gamme, ou que tant de bémols déterminaient telle tonique.

Ainsi on dit que :

LA GAMME DE			
fa a 1 ♭ qui est si ♭	‖ 1♭ qui est si ♭ donne pour tonique	fa
si ♭ a 2 ♭ qui sont si ♭, mi ♭	2 ♭ qui sont si ♭, mi ♭, donnent pour tonique si♭	
mi ♭ a 3 ♭ — si ♭, mi ♭, la ♭	3 ♭ — si ♭, mi ♭, la ♭	—mi ♭
la ♭ a 4 ♭ — si ♭, mi ♭. la ♭, ré ♭	4 ♭. — si ♭, mi ♭, la ♭, ré ♭,	— la♭
ré ♭ a 5 ♭ — si ♭, mi ♭, la ♭, ré ♭, sol ♭	5 ♭ — si ♭, mi ♭, la ♭, ré ♭, sol ♭	—ré♭
sol ♭ a 6 ♭ — si ♭, mi ♭, la ♭, ré ♭, sol ♭, do ♭	6 ♭ — si ♭, mi ♭, la ♭, ré ♭, sol ♭, do ♭	—sol♭
do ♭ a 7 ♭ — si ♭, mi ♭, fa ♭, ré ♭, sol ♭, do ♭, fa ♭	7 ♭ — si ♭, mi ♭, la ♭, ré ♭, sol ♭, do ♭, fa ♭	—do♭

30° En lisant le tableau de gauche à droite, on remarque que la dominante de la gamme de gauche devient tonique de la gamme de droite, et qu'en même temps, la sous-dominante est *élevée* pour faire une sensible. Or, ce dernier résultat, transformer une sous-dominante en sensible s'obtient de l'une des quatre manières suivantes :

Si la sous-dominante à transformer en sensible
- est un double bémol, on retire un ♭ : *si* ♭♭ devient *si* ♭;
- est un bémol, on retire le bémol : *si* ♭ devient *si* naturel;
- est une note naturelle, on met un ♯ : *fa* devient *fu* ♯;
- est un dièse, on met un double dièse : *fa* ♯ devient *fu* +.

Donc, un bémol qui sort ou un dièse qui arrive, produisent le même résultat; ils transforment la sous dominante en sensible et font porter la tonalité sur la dominante. (Vérifiez.) Le départ du double bémol et l'arrivée du double dièse font de même.

31° En lisant le tableau de droite à gauche, on remarque que la tonique de la gamme de droite devient dominante de la gamme de gauche; et qu'en même temps, la sensible est abaissée pour faire une sous-dominante. Or, ce dernier résultat, transformer une sensible en sous-dominante, s'obtient de l'une des quatre manières suivantes :

Si la sensible à transformer en sous-dominante
- est un double dièse, on retire un ♯ : *fa* + devient *fa* ♯;
- est un dièse, on retire le dièse : *fa* ♯ devient *fa* naturel;
- est une note naturelle, on met un ♭ : *si* devient *si* ♭;
- est un bémol, on met un second ♭ : *si* ♭ devient *si* ♭♭.

Donc, un *dièse qui sort* ou un *bémol qui arrive* produisent le même résultat, ils transforment la sensible en sous-dominante, et font porter la tonalité sur la sous-dominante. (Vérifiez). Le départ du dièse et l'arrivée du double bémol font de même.

Il y aurait encore une multitude de remarques à faire sur ce tableau ; mais cela nous éloignerait trop de notre cadre. Le professeur intelligent et instruit comblera cette lacune et sera heureux de trouver une occasion de faire briller son savoir.

Il trouvera, pour l'aider dans cette tâche, un guide sûr et éclairé dans la partie théorique de la méthode élémentaire de musique vocale par M. Emile *Chevé*.

Nous ne voulons cependant pas quitter ce sujet sans donner ici encore une fois le cercle des gammes que voici : *sol* 1 ♯, *ré* 2 ♯, *la* 3 ♯, *mi* 4 ♯, *si* 5 ♯, *fa* 6 ♯.

Retournez, c'est-à-dire allez à rebours, partez du *fa* ♯, regardez-le comme naturel, et vous aurez le cercle de gammes ayant des bémols : *fa* 1 ♭, *si* 2 ♭, *mi* 3 ♭, *la* 4 ♭, *ré* 5 ♭, *sol* 6 ♭.

Plus une gamme a de dièses, moins son homonyme a des bémols. Exemple : la gamme de *sol* a 1 ♯, celle de *sol* ♭ a 6 bémols, etc.

La gamme qui se présente la première pour avoir des dièses (celle de *sol*), est la dernière à se présenter pour avoir des bémols (celle de *sol* ♭). (Vérifiez.)

La gamme qui se présente la dernière dans le cercle des dièses (celle de *fa* ♯), est la première à se présenter dans le cercle des gammes ayant des bémols (celle de *fa*) (Vérifiez.)

Le nombre d'accidents que deux gammes homonymes peuvent avoir est toujours de 7. Exemple : la gamme de *sol* a 1 dièse, son homonyme ou *sol* bémol a 6 bémols ; 4 dièses indiquent *mi*, 3 ♭ indiquent *mi* ♭, 4 ♭ indiquent *la* ♭, 3 ♯ *la* naturel, etc.

La note qui se présente la première comme dièse (le *fa* ♯), se présente la dernière comme bémol (*fa* ♭) et *vice versa*.

L'élève a dû remarquer que les touches noires jouent double fonction, double rôle ; tantôt elles remplacent des touches blanches trop graves, et dans ce cas elles jouent le rôle de dièses ; tantôt les touches noires remplacent des touches blanches trop hautes, et dans ce cas elles jouent le rôle de bémols.

On a profité de cette faculté pour éluder une des plus grandes difficultés résultant du système musical moderne.

Car on a vu que la progression par quinte conduisait à l'infini et compliquerait immensément le mécanisme des gammes en amenant une foule de doubles bémols et de doubles dièses. Pour éviter cela, on change le nom des touches en appelant, par exemple, *sol bémol* brusquement *fa dièse*, et *vice versa*; cela s'appelle faire une *transition enharmonique*. De cette manière, on obtient les progressions suivantes formant ce qu'on appelle le cercle des gammes : *do, sol, ré, la, mi, si, fa* ♯. Arrivé à ce *fa* ♯, on le transforme en *sol*, en l'appelant *sol* ♭, et on continue de quinte en quinte en montant comme suit : *sol* ♭, *ré* ♭, *la* ♭, *mi* ♭, *si* ♭, *fa*, *do* ; ou bien on commence par : *do, fa, si* ♭, etc., et arrivé au *sol* ♭, on l'appelle *fa* ♯ et l'on continue de quinte en quinte en descendant comme suit : *fa* ♯, *si, mi, la, ré, sol, do*.

C'est de cette manière que les compositeurs enchainent les gammes. (Voir les exercices des gammes de Clementi (1).

——◦◦◦◦◦◦——

EXERCICES   PRATIQUES

Il faut que ce chapitre et le tableau qui le suit soient lus et relus. expliqués, commentés jusqu'a satiété, de sorte que l'élève les comprenne parfaitement bien et les sache d'une manière certaine. Pour cela, il faut fréquemment lui donner à écrire à titre de devoir, entre les leçons :

1° Le tableau des gammes prenant des dièses ;

2° Celui des gammes prenant des bémols ;

3° Le tableau général des gammes majeures ;

4° La progression des dièses ;

5° Celle des bémols ;

6° Toutes les gammes à la clé *sol* et *fa* ;

---

(1) L'élève devra copier le tableau des gammes majeures sur une bande de papier, le rouler et en coller les deux bouts de manière que la colonne de *sol* ♭ tombe sur celle de *fa* ♯; c'est un excellent moyen pour comprendre ces changements enharmoniques ainsi que le cercle, l'enchaînement des gammes.

7° En un mot, tous les exercices formant la première série.

Il faut faire lire fréquemment ce travail, le faire expliquer, commenter par lui. Si l'élève est assez avancé en français, il faudra lui en faire faire le résumé, chapitre par chapitre.

Il devra aussi lire, analyser, résumer quelques ouvrages didactiques; par exemple : la Théorie de la méthode Chevé; le livre de Galin; la Musique mise à la portée de tout le monde, par Fétis; Principes de musique, par M. A. Savard, etc. Du reste, chaque professeur choisira, pour ce travail, les ouvrages qu'il jugera les mieux faits et les plus profitables au progrès et à l'intelligence de l'élève. Encore une fois, nous ne saurions assez recommander les devoirs écrits, surtout les tableaux ; rien ne se grave mieux dans l'esprit des jeunes élèves.

DE L'ARMURE

Comme l'élève devra écrire lui-même les gammes et arpéges, à titre de devoir, dans les deux clés *sol* et *fa*, nous croyons nécessaire de lui donner quelques explications sur l'armure.

On appelle armure l'ensemble, la réunion des dièses ou des bémols nécessaires à une gamme pour qu'elle ressemble à la gamme de *do*. Afin de n'être pas obligé de les écrire chaque fois que les notes qu'ils altèrent se présentent dans le courant d'un morceau on les réunit à la clé, au commencement de chaque portée, une fois pour toutes. De cette manière, ils avertissent qu'il faut jouer, durant toute la ligne, à n'importe quelle octave, dièses ou bémols, les notes sur les lignes desquelles ils se trouvent placés. Exemple : la gamme de *mi* majeur a quatre dièses, qui sont : *fa* ♯, *do* ♯, *sol* ♯ et *ré* ♯; donc, tantqu'on sera en *mi* majeur, il faudrait mettre devant toutes ces notes un dièse toutes les fois qu'elles se présenteraient, ce qui deviendrait fort incommode. Pour éviter cela, on pose les 4 dièses immédiatement après la clé, dans l'ordre de leur succession : *fa* ♯, *do* ♯, *sol* ♯, *ré* ♯, chacun sur la ligne de la note qu'il dièse, c'est-à-dire *fa* ♯ sur la ligne du *fa*, *do* ♯ sur la ligne de *do*, etc. Ces quatre dièses constituent l'armure de *mi*. Ils avertissent qu'il faut diéser tous les *fa, do, sol* et *ré* qui se présenteront durant la ligne ou même durant la période, quelle que soit l'octave où ils se trouvent, jusqu'à ce qu'on ait changé l'armure.

Grâce à l'armure, on voit : 1° dans quelle gamme on est ; 2° quelles notes il faut frapper ♯ ou ♭. C'est donc un véritable signe d'abréviation.

Voici l'ordre dans lequel il faut placer les dièses et les bémols à la clé de *sol*.

Pour la série des dièses, on commence par *fa* ♯ qu'on pose sur la cinquième ligne. Puis vient *do* ♯ qu'on pose entre la troisième et la quatrième ligne, *sol* ♯ au-dessus de la cinquième ligne, *ré* ♯ sur la quatrième. A partir de là, on déplace les dièses à venir, c'est-à-dire qu'on met *la* ♯ entre la deuxième et la troisième ligne, le *mi* ♯ entre la quatrième et la cinquième, le *si* ♯ sur la troisième. Ensuite viendrait *fa* +, sur la ligne du *fa*, *do* + sur la ligne du *do*, etc., etc.

Pour la série des bémols, on commence par *si* ♭ qu'on met sur la troisième ligne (toujours à la clé *sol*) ; *mi* ♭, entre la quatrième et la cinquième ligne ; *la* ♭ entre la deuxième et la troisième ; *ré* ♭ sur la quatrième ; *sol* ♭ sur la deuxième ou au-dessus de la cinquième, *do* ♭ entre la troisième et la quatrième, et *fa* ♭ sur la cinquième ou entre la première et la deuxième.

Du reste, on trouvera des modèles d'armures sur la clé *sol* et la clé *fa* dans toutes les méthodes.

Quand on passe brusquement d'un ton qui avait beaucoup de dièses dans un autre qui en a moins, on détruit les dièses par des bécarres (♮), conservant seulement ceux qui caractérisent le nouveau ton ; exemple : si l'on passe de *mi* en *sol*, on détruit par des ♮ le *ré* ♯, le *sol* ♯ et le *do* ♯, et on ne conserve que le *fa* ♯. On fait de même pour les bémols.

Toutes les fois que l'on change de gamme ou de ton, on devrait changer l'armure, c'est-à-dire que toutes les fois qu'une période ou phrase musicale est finie et qu'une autre commence franchement dans un autre ton, on *devrait changer l'armure* ; cela est de la plus grande importance.

Nous verrons au chapitre des modulations (page 64), que toute armure n'indique pas seulement dans quelle gamme on est, mais encore qu'elle implique, et prédit toute une série, tout un système d'accords. De sorte qu'en voyant telle armure, on peut infailliblement prévoir les principaux accords, les changements de ton, les modulations probables qu'on rencontrera durant le morceau. Mal écrire l'armure, donner celle de *ré* quand on est en *la* (comme on en voit un exemple au commencement de la deuxième page dans la valse *Il Bacio*), conserver celle de *mi* bémol durant tout un morceau, quand des phrases entières sont en *la* bémol et même en *ré* bémol (ainsi qu'on le remarque dans le *Tourbillon* de Gutmann), c'est égarer l'élève, qui, d'après l'armure, se croit dans tel ou tel ton et s'attend à rencontrer tels et tels accords. Ne serait-il pas plus naturel, plus simple et plus logique de changer l'armure après chaque phrase, si la suivante est dans un autre ton? De cette manière, on éviterait cette foule de dièses ou de bémols accidentels qu'on est obligé de prodiguer durant les morceaux et qui deviendraient inutiles. En outre, l'élève serait fixé sur la tonalité dans laquelle il se trouve et ne serait nullement trompé dans son attente harmonique, les accords et les modulations que lui promet l'armure arrivant infailliblement.

Nous allons donner quelques exemples d'armures négligemment faites. Nous les prenons au hasard, car il est rare de trouver une composition dont les armures soient bien faites.

Dans la valse *Il Bacio*, page 2, première et deuxième lignes, toute la phrase est en *la*; l'auteur, conservant l'armure de *ré* (celle du ton précédent), est obligé de mettre 17 *sol* ♯ dans une seule portée.

Dans la schotisch intitulée : *Louis XV*, par M. J. Pasdeloup, la deuxième phrase est en *mi* ♭; l'auteur conservant l'armure de *sol* (celle de la phrase précédente), est obligé de mettre 40 accidents dans huit mesures.

M. Osborn, dans son *Domino noir*, page 11, deuxième ligne, a été amené à mettre 50 accidents dans une seule ligne, pour avoir négligé l'armure.

Remarquez bien que, dans tous ces morceaux, si l'armure était bien faite, l'élève prédirait d'une manière infaillible les changements de tons et les modulations, ainsi que les principaux accords qu'ils entraînent, tandis qu'il est trompé par cette négligence jusqu'à ce qu'il ait fait les corrections nécessaires.

EXERCICES PRATIQUES

Donner à écrire, à titre de devoir, et d'abord avec les monosyllabes *do*, *ré*, *mi*, etc.

1° Le cercle, la génération des ♯ et des ♭ ;

2° L'armure d'une gamme majeure ou mineure quelconque ;

3° L'armure de telle ou telle gamme à la clé *sol* et *fa* ;

4° Interroger l'élève avant de lui laisser jouer un morceau quelconque, dans quel ton il est, quels sont les principaux accords qu'on doit rencontrer, quel sera le dernier, le quel l'avant-dernier de chaque phrase ; quels sont les changements de tons et modulations qui peuvent se présenter ; quels accords doivent les accompagner. (Voir au chapitre des modulations (page 64).

5° Examiner, avant de faire jouer un morceau quelconque, si les armures y sont bien faites, et, dans le cas contraire, les faire corriger par l'élève.

FONCTIONS DES NOTES DE LA GAMME

Chaque note, dans la gamme, joue un rôle propre, chacune a sa fonction particulière qui la distingue d'une autre note pour l'oreille, comme les couleurs se distinguent aux yeux les unes des autres.

Ainsi, on remarque dans la gamme certaines notes qui ont la propriété d'offrir plus ou moins de repos à l'oreille, plus ou moins de satisfaction à la voix, qui semble vouloir s'y arrêter avec complaisance.

Il est même une note qui offre un repos complet et qui fait sentir qu'elle est la dernière d'une suite de sons formant une phrase musicale : c'est la première note de la gamme. L'oreille serait blessée si, dans une suite de sons, dans une simple gamme, elle ne trouvait pas un *son final*, de repos, un son terminatif. Ce son final a reçu le nom de *tonique* (1). Ainsi la *tonique* est une note pivotale vers laquelle tendent toutes les autres et qui donne le sentiment qu'elle est le complément nécessaire d'une phrase musicale, qui, sans elle, resterait en suspens, comme on peut le voir en retranchant la dernière note du premier chant venu, ou tout simplement en supprimant à une gamme quelconque sa tonique aiguë ou grave.

Une suite de sons peut donc former une véritable batterie, un centre d'attraction ; et c'est précisément cette propriété, ce phénomène d'appellation qui est le fondement de la musique moderne.

De même que la première note, chacune des autres qui composent la gamme a une propriété, une fonction distincte qui la caractérise.

Le *sol* ou cinquième note est, après la tonique, la plus importante au point de vue harmonique et mélodique. Sous le rapport mélodique, c'est la *base* ou fondamentale de la deuxième moitié de la gamme ; au point de vue harmonique, c'est la note commune aux deux principaux accords indispensables pour l'accompagnement d'un chant. (Voir la gamme harmonique, page 49.) C'est de cette double importance que vient au *sol* l'emploi plus fréquent, l'ascendant, la domination qu'il exerce sur les autres notes, et aussi le nom de *dominante*.

Après la tonique et la dominante, la note la plus caractéristique de la gamme est *si* ou septième.

Nous avons dit plus haut qu'il serait difficile, pour une oreille habituée à la musique moderne, d'entendre, plusieurs fois de suite, la série de notes : *do, ré, mi, fa, sol, la* et *si*, sans *sentir* le besoin d'y ajouter le *do*, et c'est ce qui fait que la septième note de la gamme a reçu le nom de *sensible.*

On remarque, en général, que le repos est plus complet, s'il y a, entre les deux dernières notes d'une suite ascendante, une seconde mineure ou demi-ton, comme de *mi* à *fa* et de *si* à *do*. Car, plus un intervalle est petit et plus la puissance d'attraction entre les deux sons qui le forment est grande. D'après cela, on voit que la gamme ascendante offre deux repos naturels qui se présentent sur le *fa* et sur le *do*. La tendance des notes exige donc qu'on

(1) Ce nom lui vient de son rapport avec les touches du piano, chacune pouvant être prise pour point de départ, pour 1re note d'une gamme, pour *tonique*, la touche, le *ton* qu'on choisit pour base d'une gamme, donne son nom à la gamme à laquelle elle sert de point de départ. Ainsi, quand la touche *ré* est *tonique* d'une gamme, cette gamme s'appelle gamme de *ré*, etc.

chante : *do, ré, mi, fa* (petit repos), *sol, la, si, do* (repos complet).

Les dièses chromatiques représentant des *sensibles* ont de même la tendance à monter : le *fa* ♯ tend au *sol*, le *sol* ♯ au *la*, etc.

Après la tonique, la dominante et la sensible, c'est la quatrième note de la gamme ou *fa* qui est la plus caractéristique; elle tend à descendre sur la troisième ou *mi* (1). Elle a reçu le nom de *sous-dominante* ou *sus-médiante*.

Les bémols chromatiques, représentant des sous-dominantes ont la même tendance à descendre : le *si* bémol tend au *la*, le *la* bémol au *sol*, etc.

La troisième note de la gamme a reçu le nom de *médiante*, de la position intermédiaire qu'elle occupe entre la tonique et la dominante.

Les deuxième, quatrième et sixième notes de la gamme n'ont pas de dénomination propre et empruntent leur nom à leur voisine, grave ou aiguë, mais plus souvent à la note aiguë. Ainsi le *ré* ou deuxième de la gamme, se trouvant entre la tonique et la médiante, s'appelle *sus-tonique* ou *sous-médiante*; le *fa* ou quatrième de la gamme, ayant pour voisines la médiante et la dominante, s'appelle *sus-médiante* ou *sous-dominante*; le *la*, ou la sixième note enfin, s'appelle *sus-dominante* ou *sous-sensible*.

En résumé, dans toutes les gammes,

la première note s'appelle		*tonique;*
la deuxième	—	*sous-médiante;*
la troisième	—	*médiante;*
la quatrième	—	*sous-dominante;*
la cinquième	—	*dominante;*
la sixième	—	*sous-sensible,*
la septième	—	*sensible.*

La huitième note, étant la même que la première, s'appelle tonique; la neuvième, étant la même que la deuxième, s'appelle sous-médiante, etc. On doit remarquer que les *notes impaires* : *do, mi, sol, si* seules, ont des noms propres, tandis que les *notes paires* : *ré, fa, la,* empruntent leur dénomination à la voisine grave ou aiguë.

---

(1) Nous verrons dans le *Traité de l'expression musicale,* que la propriété attractive d'une note dépend surtout de sa position, de son entourage, de sa valeur, de la place qu'elle occupe dans la mesure, ou dans le temps, de l'harmonie, etc.

EXERCICES PRATIQUES

Il est utile de faire jouer ou chanter souvent des airs populaires, romances, récréations de la méthode, etc., en supprimant momentanément, la dernière note. Rien ne fait mieux sentir et comprendre à l'élève la nécessité de cette note, le rôle qu'elle joue, la fonction de tonique, en un mot, qu'elle remplit.

Faire deviner les notes de la gamme en exerçant d'abord l'élève, qui, pour ce genre d'exercice, ne doit pas regarder le clavier, sur les cinq premières : *do*, *ré*, *mi*, *fa*, *sol*, et ensuite sur toute la gamme.

Il faut, en commençant cet exercice, faire succéder les notes par degrés conjoints ; mais lorsque l'élève les dira bien de cette manière, on pourra les faire succéder par degrés disjoints.

Le maître doit jouer fréquemment des airs populaires dans un ton quelconque ; l'élève en dit les notes (sans regarder le piano bien entendu), dans le ton de *do*, plus tard dans le ton effectif (1).

Le maître plaque ou arpége des accords quelconques, l'élève dit s'ils sont majeurs ou mineurs, renversés ou à l'état direct.

Jouer de même fréquemment des airs inconnus, les laisser en suspens et terminer par l'élève.

Donner aussi, à titre de devoir, des commencements d'air que l'élève doit achever.

Dans un autre ouvrage nous donnerons les explications nécessaires sur les dictées musicales qu'il nous paraît indispensable de faire faire à l'élève.

---

(1) On trouvera ample matière pour ce genre d'exercices dans la *Clef du Caveau* et dans le *Manuel de musique vocale*, par A. Pâris : collections d'airs populaires.

ORIGINE DE LA GAMME

Une chose qui intéresse toujours vivement l'élève, c'est la démonstration suivante : Nous ouvrons le piano et lui disons de *frapper fort* une note quelconque dans la partie grave de l'instrument, en appliquant son oreille contre le piano, afin de mieux entendre. En supposant que l'élève frappe un *fa grave*, nous lui demandons s'il n'entend qu'*un fa*. Il répond oui. Nous le prions de bien faire attention et d'écouter attentivement en recommençant de frapper la même note. Enfin, nous frappons un *fa* une octave plus haut, puis un *do* (douze notes plus haut), et un *la* (dix-sept notes plus haut), et lorsque ces notes ne sonnent plus, nous recommençons à frapper le premier *fa* en question. Cette fois l'élève dit qu'il n'entend pas seulement le *fa* du commencement, mais encore, et bien distinctement, les notes que nous avions frappées, c'est-à-dire l'octave aiguë, la quinte redoublée au douzième *do*, et la tierce triplée ou dix-septième *la*.

L'élève est tout étonné de ce phénomène; c'est en effet le fait le plus intéressant qu'on puisse lui montrer, c'est la base non -seulement de la mélodie, mais aussi de l'harmonie.

Comment, en frappant *fa* on entend aussi *la* et *do* ? Nous lui disons que s'il avait l'oreille plus fine, plus exercée, il entendrait peut-être encore d'autres notes!! Un rayon de soleil, lancé à travers un morceau de cristal, n'engendre-t-il pas *sept* couleurs?

Enfin, l'élève veut renouveler l'expérience; nous lui disons de choisir une autre touche, un autre *son* pour point de départ. Il frappe un *do*, et entend, après quelques instants, l'octave de ce *do*, sa quinte redoublée au douzième *sol*, et sa tierce triplée ou dix-septième *mi*. Sa curiosité, surexcitée jusqu'à l'enivrement, lui fait pousser l'expérience encore plus loin. Il frappe le *sol*, qui lui donne, dans le même ordre et aux mêmes distances, l'octave *sol* et les notes *ré* et *si*.

Nous lui faisons écrire toutes les notes déjà obtenues, qui sont, pour la première corde ou *fa* : *fa*, *la*, *do* ; pour la seconde ou *do* : *do*, *mi*, *sol* ; pour la troisième ou *sol* : *sol*, *si*, *ré*. L'élève remarque que ces notes constituent la gamme de *do* qui, en effet, n'en contient pas d'autres, mais seulement autrement superposées.

Nous lui disons qu'il ne se trompe pas, car ces sept notes, différemment disposées, peuvent former les sept échelles diatoniques naturelles, que voici :

do	ré	mi	fa	sol	la	si
si	do	ré	mi	fa	sol	la
la	si	do	ré	mi	fa	sol
sol	la	si	do	ré	mi	fa
fa	sol	la	si	do	ré	mi
mi	fa	sol	la	si	do	ré
ré	mi	fa	sol	la	si	do
do	ré	mi	fa	sol	la	si

Lisez ces colonnes de bas en haut.

Ainsi, la nature nous donne sept échelles naturelles de sons. Pourquoi la musique moderne n'en a-t-elle adopté que deux?

Voyez au chapitre : *De la cadence*, page 86, les raisons qui ont fait adopter celles de *do* et de *la*, à l'exclusion des autres.

La gamme de *do* est donc le résultat d'un fait d'acoustique, le résultat de la vibration des trois cordes.

On appelle *sons harmoniques* les sons que l'oreille entend en outre du son fondamental, c'est-à-dire indépendamment de celui qui porte le nom de la touche qu'on frappe. L'élève conclut que chaque touche produit quatre sons à des degrés d'intensité différents, et qu'une oreille exercée peut saisir sans difficulté, qui sont : 1° celui de la fondamentale; 2° l'octave aiguë de la fondamentale; 3° l'octave aiguë de sa quinte, ou douzième note; 4° la double octave aiguë de sa tierce, ou dix-septième note. Sons qui, entendus simultanément, loin de se nuire, loin de blesser l'oreille, la captivent, au contraire, agréablement et produisent un excellent effet. Ces sons, en un mot, forment un accord, s'harmonisent parfaitement.

L'élève n'y tient plus et veut continuer l'expérience. Frappant alors la touche *ré*, elle lui donne, non pas un *fa* naturel, mais bien un *fa* ♯ et un *la*. La touche *la* produit *do* ♯ et *mi*, etc., etc. De cette manière, il voit entrer les ♯ un à un, dans l'ordre où nous les avons trouvés dans le cercle des gammes, ce qui le plonge dans le ravissement.

L'élève gagnera beaucoup à répéter ces exercices qui développent et cultivent autant l'oreille que l'intelligence, et il finira, peut-être, par se dire : Je comprends bien maintenant l'enchaînement des ♯, leur origine, leur génération, leurs fonctions, mais je ne comprends pas celui des ♭. C'est évident, on ne lui en a encore rien dit ; mais aidé par l'instrument, la succession des ♭ ne lui sera pas plus difficile à comprendre que celle des ♯.

Nous avons eu maintes fois sous la main des pianos qui donnaient aussi comme *note harmonique* la septième mineure triplée ou la vingt-unième, et avec une telle promptitude, avec une telle force et persistance, que cela devenait agaçant, à cause de la seconde majeure que cet intervalle formait avec l'octave aiguë du son fondamental.

Si l'instrument qu'on a sous la main fait sonner cette note harmonique, on doit en profiter pour la démonstration des ♭. Voici comment on s'y prend : on frappe *do* ; l'élève, naturellement, dit qu'il entend aussi *son octave*, plus un *mi* et un *sol*. On lui demande s'il n'entend pas autre chose. Oui, répond-il, un *si* ♭ à la triple octave ou vingt-unième. Mais, *si* ♭ n'entre pas dans la gamme de *do*, n'appartient pas comme note intégrante à *do*. Non, répond-il, il appartient à la gamme de *fa*. Frappez donc *fa*, il vous donnera un *mi* ♭, qui, de même, est étranger à la gamme de *fa* et appartient à celle de *si* ♭. Frappez donc *si* ♭, etc.

Ainsi, sur les pianos qui donnent pour harmonique la triple octave de la septième mineure, c'est-à-dire la vingt-unième, l'enchaînement, la filiation des ♭ est aussi facile à trouver que celle des ♯. Mais, nous le répétons, tous les pianos ne donnent pas cette note harmonique.

⸎

EXERCICES PRATIQUES

Donner fréquemment à l'élève une note fondamentale quelconque, et faire indiquer par lui, après expérience, les notes harmoniques. Donner à lire et à copier, dans les dictionnaires de musique de MM. Escudier, Castil-Blaze, J.-J. Rousseau, les articles : acoustique, sons, vibrations, sons harmoniques, sympathie des sons, tempérament, etc., etc. Faire lire et analyser la partie traitant de l'acoustique dans le Traité de physique de Ganot ou dans un autre.

DE LA GAMME MINEURE[1]

Généralement, avant de faire jouer à l'élève les gammes mineures, nous lui jouons un air qu'il connaît, par exemple : *Ah! vous dirai-je, maman!*... deux ou trois fois de suite, et nous lui demandons si cet air lui plaît, s'il ne lui paraît pas dur. — Non, répond-il, et il a raison. Nous le jouons alors autrement, en baissant d'un demi-ton toutes les *tierces* et *sixtes* que nous y rencontrons. L'élève ne manque pas de remarquer que l'air, tout en restant le même, est infiniment plus *doux*, plus langoureux, et il le préfère au premier. Après l'avoir joué ainsi deux ou trois fois de suite, nous revenons tout-à-coup au mode majeur, en accentuant un peu la sixte (le *la* naturel). Cette fois l'élève le trouve horriblement *dur*. Cependant, lui disons-nous, c'est le même air que vous trouviez agréable en commençant. D'où lui vient donc cette dureté, ce changement? Evidemment, du rapprochement, du contraste entre les deux modes. Nous attirons l'attention de l'élève sur toutes les notes que nous avons changées, c'est-à-dire *sur toutes les tierces* et les *sixtes* que contenait l'air majeur et que nous avons baissées d'un demi-ton toutes les fois qu'elles se présentaient. Ces deux notes ont donc complètement changé le caractère, le *mode* de l'air : aussi les nomme-t-on *modales*.

Ainsi, *baisser* les *tierces* et les *sixtes* d'un air gai, composé des notes d'une gamme majeure, c'est-à-dire baisser tous les *si* et les *mi* d'un air qui est en *sol*, tous les *la* et *ré* d'un air qui est en *fa*, tous les *fa* ♯ et les *si* d'un air qui est en *ré*, c'est le rendre doux, triste, mineur, en un mot.

Chaque air étant fait avec les notes qui composent une gamme, l'élève tirera cette conséquence : qu'il y a deux espèces de gammes, deux modes, deux types : un *dur* et un *doux*. La gamme majeure paraît plus dure quand on la joue immédiatement après la mineure.

_____

[1] Les Italiens et les Allemands la nomment gamme *molle, douce.*

On appelle gamme mineure toute gamme majeure dans laquelle on a baissé d'un demi-ton la *troisième* et la *sixième* note.

Si, par exemple, on veut faire de la gamme majeure de *do* une gamme mineure, il faut baisser d'un demi-ton la troisième note *mi* et la sixième *la*, ce qui donne *mi* ♭ et *la* ♭; et on obtient ainsi la gamme de *do* mineur. Exemple :

MAJEUR		**MINEUR**	
La gamme majeure est composée de 5 secondes majeures ou tons qui sont : *do ré, ré mi, fa sol, sol la,* et *la si*; et de 2 secondes mineures ou 1/2 tons qui sont : *mi fa,* et *si do*.	do si la sol fa mi ré do	do si la ♭ sol fa mi♭ ré do	La gamme mineure est composée de 3 secondes majeures ou tons qui sont : *do ré, mi*♭ *fa,* et *fa sol;* de 3 secondes mineures ou 1/2 tons qui sont : *ré mi* ♭, *sol la* ♭, et *si do;* et d'une seconde maxime ou augmentée *la* ♭ *si*.

Lisez ces colonnes de bas en haut.

Pour faire d'une gamme majeure une gamme mineure, il suffit donc de *baisser* la troisième et la sixième note, en conservant intactes toutes les autres. Réciproquement, pour faire d'une gamme mineure une gamme majeure, il faut *hausser* la troisième et la sixième note, en conservant intactes toutes les autres.

La *troisième* et la *sixième* note d'une gamme, changeant ainsi le caractère, la manière d'être, le *mode*, selon qu'elles sont majeures ou mineures, s'appellent *modales*.

Le caractère différentiel des modales majeures et mineures est donc le suivant : Les modales majeures *mi* et *la* forment des intervalles majeurs avec la tonique grave (*do-mi*, tierce majeure; *do-la*, sixte majeure); tandis que les modales mineures forment des intervalles mineurs avec la même tonique (*do-mi* ♭, tierce mineure; *do-la* ♭, sixte mineure).

Ces deux gammes ayant la même tonique, le même point de départ, sont appelées *de même base*. Ainsi, quand d'une gamme majeure on fait une gamme mineure, en y baissant la troisième et la sixième note, on obtient la mineure *de même base*.

TABLEAU DES GAMMES MAJEURES ET MINEURES DE MÊME BASE.

do♭	do♭	sol♭	sol♭	ré♭	ré♭	la♭	la♭	mi♭	mi♭	si♭	si♭	fa	fa	do	do	sol	sol	ré	ré	la	la	mi	mi	si	si	fa♯	fa♯	do♯	do♯
si♭	si♭	fa	fa	do	do	sol	sol	ré	ré	la	la	mi	mi	si	si	fa♯	fa♯	do♯	do♯	sol♯	sol♯	ré♯	ré♯	la♯	la♯	mi♯	mi♯	si♯	si♯
—	la♭	—	mi♭	—	si♭	—	fa	—	do	—	sol	—	ré	la	—	mi	—	si	—	fa♯	—	do♯	—	sol♯	—	ré♯	—	la♯	—
la♭♭		mi♭♭		si♭♭		fa♭		do♭		sol♭		ré♭			la♭		mi♭		si♭		fa		do		sol		ré		la
sol♭	sol♭	ré♭	ré♭	la♭	la♭	mi♭	mi♭	si♭	si♭	fa	fa	do	do	sol	sol	ré	ré	la	la	mi	mi	si	si	fa♯	fa♯	do♯	do♯	sol♯	sol♯
fa♭	fa♭	do♭	do♭	sol♭	sol♭	ré♭	ré♭	la♭	la♭	mi♭	mi♭	si♭	si♭	fa	fa	do	do	sol	sol	ré	ré	la	la	mi	mi	si	si	fa♯	fa♯
	mi♭	—	si♭	—	fa	—	do	—	sol	—	ré	—	la	mi	—	si	—	fa♯	—	do♯	—	sol♯	—	ré♯	—	la♯	—	mi♯	—
mi♭♭		si♭♭		fa♭		do♭		sol♭		ré♭		la♭			mi♭		si♭		fa		do		sol		ré		la		mi
ré♭	ré♭	la♭	la♭	mi♭	mi♭	si♭	si♭	fa	fa	do	do	sol	sol	re	ré	la	la	mi	mi	si	si	fa♯	fa♯	do♯	do♯	sol♯	sol♯	ré♯	ré♯
do♭	do♭	sol♭	sol♭	ré♭	ré♭	la♭	la♭	mi♭	mi♭	si♭	si♭	fa	fa	do	do	sol	sol	ré	ré	la	la	mi	mi	si	si	fa♯	fa♯	do♯	do♯
min.	maj.	min.	maj.	min.	maj.	min.	maj.	min.	maj.	min.	maj.	min.	maj.	maj.	min.	maj.	min.	maj.	min.	maj.	min.	maj.	min.	maj.	min.	maj.	min.	maj.	min.

Ce Tableau doit-être lu de bas en haut en partant de la colonne du milieu.

1° Chaque gamme mineure a { deux dièses de moins ou un dièse de moins et un bémol de plus ou deux bémols de plus } que la gamme majeure qui a la même tonique qu'elle. (Vérifiez.)

2° De même que l'on transforme une gamme majeure en gamme mineure en *abaissant* les *modales*, de même on transforme une gamme mineure en gamme majeure en *élevant* les *modales*,

c'est-à-dire {
en leur retirant un bémol si elles en ont deux, *si* ♭♭, devient *si* ♭.
en leur retirant leur bémol si elles n'en n'ont qu'un, *si* ♭ devient *si* ♮.
en leur mettant un dièse si elles sont naturelles, *fa* devient *fa* ♯.
en leur ajoutant un second dièse si elles en ont déjà un *fa* ♯ devient *fa* +.

3° Il y a deux gammes mineures, celle de *sol* et celle de *ré*, qui renferment à la fois dièse et bémol : *si* ♭, *mi* ♭, *fa* ♮, pour la gamme de *sol*; *si* ♭ et *do* ♯, pour la gamme de *ré*. Cela tient à ce que, dans ces deux gammes, la place de la seconde maxime se trouve occupée par les deux secondes mineures *mi-fa* et *si-do*, et que pour transformer ces deux secondes mineures en secondes maximes, il a fallu les *agrandir* par les *deux bouts*, c'est-à-dire les remplacer par *mi* ♭-*fa* ♯ et *si* ♭-*do* ♯.

Sitôt que l'élève sait bien une gamme majeure quelconque, nous lui faisons jouer de suite la mineure de même base, en appliquant le principe que nous avons donné tout à l'heure. Nous lui demandons quelle est la tierce et la sixte dans la gamme majeure qu'il vient de jouer et ce qu'il faut en faire pour la rendre *mineure*.

L'élève doit indiquer ces deux notes ainsi que les deux nouvelles qui les remplaceront, puis s'exercer à nommer, en montant et en descendant, les notes qui composent la gamme mineure, et cela sans regarder le piano; il en indique le doigté, et enfin il la joue très-lentement d'abord et les deux mains séparées.

En commençant, il faut que l'élève s'habitue, en jouant les gammes mineures, à compter, à haute voix, 1, 2, 3, 4, 5, 6, 7, **1**, et non pas 8. Si l'on joue deux fois l'octave aiguë, il faut répéter 1 sur le *do*, puis descendre en disant : 2 sur le *si*, 3 sur le *la* ♭, etc., en *appuyant* très-fort sur la *troisième* note et sur la *sixième*, qu'on baisse en montant comme en descendant. Donc, 1, 2, **3**, 4, 5, **6**, 7, **1**. Il faut faire remarquer que la sixième en montant devient troisième en descendant, et que, réciproquement, la troisième en montant devient sixième, en descendant. Il faut aussi observer que, si l'on joue en mouvement contraire, la troisième et la sixième note coïncident, tombent simultanément, la main gauche frappe la sixième en même temps que la droite frappe la troisième, et *vice versâ*.

Cette manière de jouer les gammes mineures est incomparablement plus commode, plus simple et en même temps plus logique que celle qu'on emploie d'ordinaire. La différence des deux modes est mieux sentie, et l'oreille est plus pénétrée de la modalité. Cela s'explique; le point de départ restant le même, on sent infiniment mieux le contraste des deux gammes qu'en déplaçant la base, c'est-à-dire qu'en faisant suivre *do* majeur de *la* mineur, relatif de *do*. L'élève, dans ce dernier cas, est moins frappé du changement. De plus, le doigté est infiniment plus simple et plus facile, car *le doigté de toutes les gammes mineures qui ont pour tonique une touche blanche est identiquement le même que celui des majeures de même base.* Il y a donc tout avantage à faire jouer immédiatement après les gammes majeures qui ont pour tonique une touche blanche, leur mineure de même base. Exemple : après *do* majeur, *do* mineur ; après *ré* majeur, *ré* mineur, etc.

Selon nous, rien n'est plus propre à donner le sentiment du mode majeur et mineur, de la *modalité* en un mot, que de faire jouer immédiatement après une gamme majeure la gamme mineure de même base, surtout en les alternant ainsi : majeur en montant, mineur en descendant, mineur en montant et majeur en descendant ; puis, plusieurs fois de suite, la gamme majeure suivie, la dernière fois, de la mineure ; l'accord parfait majeur suivi de l'accord parfait mineur ; la cadence mineure après la cadence majeure, etc.

Notre présent travail n'aurait-il d'autre résultat que de contribuer à la vulgarisation de cette manière d'enchaîner les gammes majeures et mineures, nous nous en trouverions largement récompensé.

Mais quand, après un an d'études, à peu près, l'élève aura acquis le sentiment de la modalité, et la facilité de jouer, d'enchaîner les gammes majeures et mineures de même base, on lui apprendra que les professeurs ont l'habitude de faire jouer les gammes mineures dans un autre ordre de succession. Ainsi, après *do* majeur, ils font jouer *la* mineur ; après *ré* majeur *si* mineur ; après *fa* majeur *ré* mineur, etc. Pourquoi cela ? Parce qu'on a remarqué qu'entre la gamme de *do* majeur et celle de *la* mineur, entre celle de *ré* majeur et celle de *si* mineur, etc., il y a plus de notes communes, portant le même nom, et par conséquent plus d'affinité, plus de *relation*, qu'entre la gamme de *do* majeur et celle de *do* mineur, entre celle de *ré* majeur et celle de *ré* mineur, etc.

En effet, toute gamme majeure diffère de sa relative mineure de même base par deux notes, la tierce et la sixte, tandis qu'entre *do* majeur et *la* mineur, entre *ré* majeur et *si* mineur, etc., il n'y a qu'une note qui diffère, et six sont communes aux deux gammes. C'est pourquoi on appelle la gamme de *la* mineur *relative de do* majeur, la gamme de *si* mineur relative de *ré* majeur, etc. ; et c'est pour cette raison qu'on joue la gamme de *la* mineur après celle de *do* majeur, celle de *si* mineur après celle de *ré* majeur.

De là vient aussi que la gamme de *la* mineur *a été prise comme type des gammes mineures*, étant de toutes les gammes mineures celle qui a le moins d'accidents, puisqu'elle n'en a qu'un.

TABLEAU DES GAMMES MAJEURES ET MINEURES RELATIVES

GAMMES MAJEURES

do♭	sol♭	ré♭	la♭	mi♭	si♭	fa	do	sol	ré	la	mi	si	fa♯	do♯
si♭	fa	do	sol	ré	la	mi	si	fa♯	do♯	sol♯	ré♯	la♯	mi♯	si♯
la♭	mi♭	si♭	fa	do	sol	ré	la	mi	si	fa♯	do♯	sol♯	ré♯	la♯
sol♭	ré♭	la♭	mi♭	si♭	fa	do	sol	ré	la	mi	si	fa♯	do♯	sol♯
fa♭	do♭	sol♭	ré♭	la♭	mi♭	si♭	fa	do	sol	re	la	mi	si	fa♯
mi♭	si♭	fa	do	sol	ré	la	mi	si	fa♯	do♯	sol♯	ré♯	la♯	mi♯
ré♭	la♭	mi♭	si♭	fa	do	sol	ré	la	mi	si	fa♯	do♯	sol♯	ré♯
do♭	sol♭	ré♭	la♭	mi♭	si♭	fa	do	sol	ré	la	mi	si	fa♯	do♯

ARMURES

7♭	6♭	5♭	4♭	3♭	2♭	1♭	0	1♯	2♯	3♯	4♯	5♯	6♯	7♯

GAMMES MINEURES

la♭	mi♭	si♭	fa	do	sol	ré	la	mi	si	fa♯	do♯	sol♯	ré♯	la♯
sol	ré	la	mi	si	fa♯	do♯	sol♯	ré♯	la♯	mi♯	si♯	fa×	do×	sol×
fa♭	do♭	sol♭	ré♭	la♭	mi♭	si♭	fa	do	sol	ré	la	mi	si	fa♯
mi♭	si♭	fa	do	sol	ré	la	mi	si	fa♯	do♯	sol♯	ré♯	la♯	mi♯
ré♭	la♭	mi♭	si♭	fa	do	sol	ré	la	mi	si	fa♯	do♯	sol♯	ré♯
do♭	sol♭	ré♭	la♭	mi♭	si♭	fa	do	sol	ré	la	mi	si	fa♯	do♯
si♭	fa	do	sol	ré	la	mi	si	fa♯	do♯	sol♯	ré♯	la♯	mi♯	si♯
la♭	mi♭	si♭	fa	do	sol	ré	la	mi	si	fa♯	do♯	sol♯	ré♯	la♯

Lisez ce tableau de bas en haut, en partant de la colonne du milieu.

Remarques sur le Tableau qui précède

1º Chaque gamme majeure a pour relatif le ton mineur de sa sous-sensible; c'est-à-dire que les deux toniques relatives sont à une tierce mineure l'une de l'autre, la majeure en dessus, la mineure en dessous. Lorsque l'on veut avoir la tonique du mineur relatif, il faut donc la prendre une tierce mineure au-dessous de la tonique majeure donnée ; et vice versâ, quand on veut avoir la tonique du majeur relatif d'une gamme mineure donnée, on la prend à une tierce mineure au-dessus. (Vérifiez.)

2° Pour passer du majeur au mineur relatif, il suffit d'élever la dominante majeure pour en faire une sensible mineure, soit en retirant un bémol, soit en prenant un dièse ; le mineur relatif a donc un bémol de moins ou un dièse de plus que son relatif majeur. (Vérifiez.)

3° Réciproquement, pour passer du mineur au majeur relatif, il suffit d'abaisser la sensible mineure, pour en faire une dominante majeure, soit en retirant un dièse, soit en mettant un bémol ; le relatif majeur a donc un dièse de moins, ou un bémol de plus que son relatif mineur. (Vérifiez.)

4° Gardez-vous de croire que le mineur relatif et le mineur de même base relativement à un ton majeur donné, ne soient pas le même air, ils sont parfaitement identiques ; seulement ils ont leur tonique à une tierce mineure l'une de l'autre et n'ont que quatre notes communes, tandis qu'ils en ont trois qui ne le sont pas. (Vérifiez.)

5° Tout ce qui est vrai pour la gamme majeure de *do*, l'est également pour les autres gammes majeures. Chacune d'elles a un mineur de même base et un mineur relatif qui sont avec elles dans le même rapport que les gammes de *do* et de *la* mineurs sont avec *do* majeur.

6° A partir de *la* mineur, les gammes mineures s'enchaînent comme les gammes majeures de quinte en quinte en montant, pour les ♯ ; et de quinte en quinte en descendant, pour les ♭. (Voir la moitié inférieure du tableau précédent. Faites dessus des remarques analogues à celles qui suivent *le tableau des gammes majeures*, page 19.)

Dorénavant, il faut donc aussi faire jouer les gammes mineures dans cet ordre de succession : *do* majeur, *la* mineur ; *sol* majeur, *mi* mineur, etc., sans pour cela abandonner l'autre manière. Elle doit, au contraire, avoir la préférence, vu qu'elle est plus commode, plus rationnelle, et qu'elle donne incomparablement mieux le sentiment de la modalité.

Mais l'élève n'est pas à bout de peine avec ses gammes mineures. En effet, quand il se sera rendu maître des gammes mineures de même base et des gammes mineures relatives ; lorsqu'il les enchaînera et les jouera dans les deux ordres de succession (c'est-à-dire les majeures suivies des mineures de même base, et les majeures suivies des mineures relatives), ce qui prendra bien deux années d'études, on lui apprendra que les professeurs non-seulement ne font pas jouer les gammes mineures dans le même ordre de succession, mais encore qu'ils *ne les font pas jouer de la même manière en montant qu'en descendant*, et qu'ils introduisent des *variantes*, des changements dans la deuxième moitié de la gamme. Ainsi, Adam, dont on suit la méthode aux cours du Conservatoire, Cramer, Steibelt, Vigueri, revu par Farrenc, font jouer les gammes mineures de la même manière en *descendant* qu'en *montant*, c'est-à-dire, par exemple, dans la gamme de *la* mineur : *mi, fa, sol* ♯, *la* en montant ; et *la, sol* ♯, *fa, mi* en descendant ; tandis que Hummel, Czerny, Kalkbrenner, Herz, etc., donnent dans leur méthode pour la même gamme *mi, fa* ♯, *sol* ♯, *la* en montant, et *la, sol* ♮, *fa*♮, *mi* en descendant.

L'élève est surpris de ce désaccord. Habitué à jouer la gamme majeure de la même façon en montant qu'en descendant, il ne comprend pas qu'il en soit autrement pour le type mineur. Il faut donc lui expliquer que la gamme mineure, telle que nous venons de la démontrer, c'est-à-dire avec *une sensible* et *deux modales mineures* (troisième et sixième notes), n'est pas le résultat direct d'un fait d'acoustique, comme l'est la gamme majeure, mais bien le résultat de l'analogie, des nécessités créées par l'adoption de la gamme de *do* majeur. (Voir page 34, origine de la gamme.) Aussi la composition de la gamme mineure a-t-elle subi de nombreuses variantes, selon la fantaisie ou la hardiesse des auteurs (1).

Aujourd'hui, cependant, on peut dire que la gamme mineure avec ses deux modales mineures (troisième et sixième notes), et avec une sensible, est universellement adoptée. Quant à nous, nous la regardons comme le seul type vraiment et uniquement mineur ; seule, elle offre ce que doit offrir un type, la *fixité*, l'*invariabilité* de ses échelons, en quelque sens qu'on les parcourt ; seule, elle ne laisse aucun doute, ni sur sa tonalité, ni sur sa modalité ; seule elle contient une sensible et satisfait ainsi aux exigences d'attraction, de repos, dont la sensible de la gamme majeure a donné à notre oreille

---

(1) Les lecteurs qui désireraient une explication rationnelle, logique de ces variantes, la trouveront dans la *partie théorique* de la méthode de M. Émile Chevé, p. 234.

l'irrésistible besoin ; seule, elle offre une richesse d'effets harmoniques et mélodiques inconnus aux anciens modes, et cela à cause de l'intervalle dont la difficulté a tant effrayé nos pères, c'est-à-dire à cause de la seconde augmentée, par exemple *fa-sol* ♯ dans la gamme de *la* mineur, *la* ♭-*si* ♮, dans la gamme de *do* mineur, qui ont pour renversement la septième diminuée, sol ♯-*fa*, et *si-la* ♭ ; et à cause de la quinte augmentée *do-sol* ♯, qui a pour renversement la quarte diminuée *sol* ♯-*do*.

Il faut donc désormais faire jouer aussi à l'élève les gammes mineures de différentes manières en montant et en descendant, c'est-à-dire qu'il faut faire introduire des changements dans la seconde moitié (deuxième tétracorde). Par exemple, faire jouer *la* mineur : *mi, fa*♯, *sol* ♯, *la* en montant, et *la, sol* ♮, *fa* ♮, *mi*, en descendant ; de même dans toutes les autres gammes, quoique cette variante ne réponde pas aux exigences de l'oreille.

C'est donc uniquement pour créer des difficultés de mécanisme qu'il faut faire jouer les gammes mineures de différentes manières. C'est un excellent moyen de tenir en haleine l'attention de l'élève, et d'empêcher, en lui suscitant des difficultés à vaincre, que son travail ne tourne à la routine. En effet, les gammes mineures de même base, ayant pour tonique une touche blanche, sont si faciles, qu'il finirait par les jouer machinalement.

EXERCICES PRATIQUES

On doit fréquemment répéter la démonstration dont nous parlons au commencement de ce chapitre, c'est-à-dire jouer en mineur des airs qu'on a d'abord joués en majeur ; pour cela, il faut : 1° savoir dans quelle gamme on se trouve ; 2° connaître la tierce et la sixte de cette gamme ; 3· baisser ces deux notes chaque fois qu'on les rencontre dans l'air qu'on joue.

Il est bon de jouer et de donner à transposer par écrit, de *do* majeur, en *do* mineur, et dans d'autres gammes ayant pour tonique une touche blanche, les premiers exercices de cinq notes qui se trouvent au commencement de la méthode qu'on suit. On doit aussi transposer en mineur tous les airs majeurs qui s'y trouvent et qui ne *contiennent pas de modulations.*

Donner à transposer en mineur, par exemple, les cent exercices de Czerny, ainsi que les danses, romances, etc., en un mot, tous les airs que l'élève a d'abord joués en majeur.

Faire jouer et transposer en *majeur* les airs, récréations, danses, etc., qui sont en mineur. Par exemple, *la Romanesca, Diga Jeanneto, Que ne suis-je la fougère,* etc. Pour cela, il faudra *hausser* toutes les tierces et sixtes qu'on rencontrera dans l'air.

Dans l'intervalle des leçons, il faut donner à l'élève des devoirs écrits, par exemple :

1° Le tableau des gammes majeures et au-dessous celui des mi. neures *relatives,* afin que l'élève ait une idée synthétique des gammes majeures et mineures (voir le tableau précédent);

2° Le tableau des gammes mineures avec celle de *la* au centre;

3° Le tableau des variantes des gammes mineures;

4° Le tableau des gammes majeures avec les mineures de même base à côté, comme nous l'avons vu p. 39.

Faire indiquer dans les morceaux, études, danses, etc., les phrases ou passages qui sont en mineur.

Ecrire telle ou telle gamme mineure avec le doigté, par mouvement semblable et contraire, à la tierce, à la sixte, en octave, etc., à la clé *sol* et *fa.*

Donner à écrire, au fur et à mesure, tous les exercices de mécanisme que nous donnons en *do* mineur, dans différents tons mineurs.

ARMURE DES GAMMES MINEURES.

Nous avons vu (page 27) la définition de l'armure. *Les gammes mineures n'ont pas d'armure propre; elles prennent celle de leur majeure relative et non celle de leur majeure de même base.* Ainsi, la gamme de *la* mineur prend l'armure de *do* majeur, et non celle de *la* majeur; *si* mineur prend celle de *ré* majeur, et non celle de *si* majeur.

Pourquoi cela? par économie de signes. Si l'on prenait pour *la* mineur l'armure de *la* majeur, ces deux gammes différant entre elles par la troisième et la sixième note, on serait obligé de baisser ces deux notes chaque fois qu'elles se présenteraient, ce qui entraînerait deux accidents, un ♮ pour détruire le *fa* ♯ et un second pour détruire le *do* ♯, ces deux notes étant naturelles en *la* mineur. En prenant au contraire pour *la* mineur, l'armure de *do* majeur, on n'a qu'un accident à mettre, un ♯ devant le *sol*, toutes les fois qu'il se présentera. Ainsi *la* mineur prend l'armure de *do* majeur; *si* mineur celle de *ré* majeur; *do* mineur celle de *mi* ♭ majeur; *ré* mineur celle de *fa* majeur, etc.

En un mot, la gamme mineure prend l'armure de sa relative majeure, dont la base se trouve une tierce au-dessus de la tonique mineure. (Voir le tableau précédent, où l'on voit que *la gamme mineure de la colonne inférieure* prend *l'armure de la gamme majeure immédiatement au-dessus*).

Toute armure indique donc deux gammes, deux tonalités, une majeure et sa relative mineure. Un ♯ indique qu'on est en *sol* majeur ou en *mi* mineur. Trois ♭ disent qu'on est en *mi* ♭ majeur ou en *do* mineur, etc. Mais comment reconnaître si l'on est en majeur ou en mineur.? A l'harmonie, aux accords qu'on rencontre même dès la première mesure du morceau. Si l'on est en *sol* majeur on doit trouver l'accord *sol-si-ré* ou *ré-fa* ♯*-la-do*. Si on est en *mi* mineur, on doit trouver *mi-sol-si* ou *si-ré* ♯*-fa* ♯*-la*. (Voir la gamme harmonique.) D'ailleurs, l'élève qui aura suivi notre méthode aura acquis le *sentiment de la modalité* et n'aura nul besoin de recourir aux moyens insuffisants qu'on trouve dans un grand nombre de méthodes pour reconnaître si l'on est en majeur ou en mineur.

※

DE LA GAMME CHROMATIQUE [1]

On appelle gamme chromatique la succession de toutes les touches comprises dans l'étendue d'une octave, comme de *do* à *do*, Exemple : *do, do* ♯*, ré, ré* ♯*, mi, fa, fa* ♯*, sol, sol* ♯*, la, la* ♯*, si, do*.

1) D'un mot grec qui veut dire couleur, nuance.

en montant, *do, si, si* ♭, *la, la* ♭, *sol, fa* ♯, *fa, mi, mi* ♭, *ré, ré* ♭, *do*, en descendant. Ceci est la véritable gamme chromatique.

Ainsi, on prend dans la gamme chromatique des ♯ en montant et des ♭ en descendant; mais il faut remarquer que, tout en prenant des ♭ en descendant, on se sert rarement de la dominante ou cinquième note bémolisée, c'est-à-dire du *sol* ♭ dans la gamme chromatique de *do*, du *la* ♭ dans celle de *ré*, qu'on remplace par *fa* ♯, dans la première, par *sol* ♯, dans la deuxième.

La gamme chromatique peut avoir son point de départ, sa base, sur chaque touche du piano.

Il ne faut pas confondre les ♯ et les ♭ nécessaires à une gamme avec les ♯ et les ♭ chromatiques. Dans la gamme de *ré*, par exemple, *fa* ♯ et *do* ♯ ne sont pas *chromatiques*, mais bien *diatoniques*.

Les ♯ et les ♭ chromatiques sont de véritables notes d'agrément, qui en remplacent d'autres dont l'effet serait trop dur. Ils adoucissent le passage, y introduisent des nuances douces et insensibles.

Le ♯ chromatique est fréquemment employé comme note voisine, c'est-à-dire placé entre deux notes portant le même nom. Exemple : *mi, ré* ♯, *mi*; *sol, fa* ♯, *sol*. Dans cet exemple, le *ré* et le *fa*, notes voisines, seraient trop durs, tandis que *ré* ♯ et *fa* ♯, sont très-doux.

EXERCICES PRATIQUES

Donner à écrire, d'abord avec les monosyllabes *do, ré*, etc., disposés en colonnes, et plus tard, à la clé *sol* et *fa*, une gamme chromatique quelconque de différentes manières. Par exemple : 1° avec des ♯ en montant et en descendant; 2° avec des ♭ en montant et en descendant; 3° avec des ♯ en montant, et des ♭ en descendant: 4° avec des ♭ en montant, et des ♯ en descendant.

Faire indiquer dans les morceaux les ♯ et ♭ chromatiques.

Donner à écrire, au fur et à mesure, tous les exercices chromatiques que nous donnons dans la première série des exercices de mécanisme.

GAMME OU FORMULE HARMONIQUE MAJEURE ET MINEURE.

L'Accord de 7e dominante reste invariable dans les deux modes: il est commun aux 2 gammes, à la majeure et à la mineure de même base.

DE LA GAMME

OU FORMULE HARMONIQUE. (1)

On appelle *gamme ou formule harmonique* la *superposition par tierce* de toutes les notes composant une gamme *mélodique*, c'est-à-dire une gamme majeure ou mineure.

Nous avons dit que les gammes majeures et mineures servaient à faire des airs, des *mélodies;* la gamme harmonique a pour objet de trouver l'*harmonie*, les accords qui doivent les accompagner.

Il y a une gamme harmonique majeure dont les accords ou fragments sont employés à accompagner les chants faits avec les notes d'une gamme mélodique majeure; il y a une gamme harmonique mineure dont les accords ou fragments servent à accompagner les chants faits avec les notes d'une gamme mélodique mineure.

La *gamme harmonique majeure* est formée par la *superposition par tierce* de toutes les notes composant une gamme mélodique majeure. (Voir pl. I, N° 4.)

Ex: *do-mi-sol-si-ré-fa-la-do.*

La *gamme harmonique mineure* est formée par la *superposition* par tierce de toutes les notes composant une gamme mélodique mineure. (Voir pl. I, N° 15.)

Ex: *do-mi ♭-sol- si-ré-fa-la ♭-do.*

(1) Nous n'avons pas la prétention de donner ici un traité d'harmonie. Nous voulons seulement indiquer un moyen pratique, facile et certain pour former et trouver les principaux accords qu'on rencontre le plus fréquemment, dans tous les tons majeurs et mineurs, et dont 1eux servent de base à nos exercices de mécanisme formant la 2me série

4

D'après ces deux exemples, il est facile de juger de l'étendue de la gamme harmonique ; la distance de tierce entre deux notes successives y remplaçant la distance de seconde qui se trouve dans la gamme mélodique, donne à la gamme harmonique le double de l'étendue d'une gamme mélodique, c'est-à-dire deux octaves.

Les éléments composant les gammes mélodiques et harmoniques sont les mêmes, avec cette différence que, dans les gammes mélodiques, les notes se succèdent par seconde, dans la gamme harmonique par tierce, et que les notes manquant à l'octave inférieure de la gamme harmonique se trouvent reportées à l'octave supérieure.

	1re OCTAVE.	2e OCTAVE.

Gamme harmonique majeure. . . . *do-mi-sol-si-ré-fa-la-do.*
Notes de la gamme mélodique manquant dans chaque octave. . . *ré-fa-la-do-mi-sol-si.*

D'après cet exemple, on voit que les notes *ré, fa, la,* manquant à la première octave ou première moitié de la gamme harmonique majeure de *do,* se trouvent portées dans la seconde octave, ou deuxième moitié de cette gamme , et que les notes *do, mi, sol, si,* manquant à la seconde octave de cette gamme, se trouvent dans la première. Quant à la tonique *do,* elle est placée à chaque extrémité comme dans la gamme mélodique.

TABLEAU DES GAMMES HARMONIQUES MAJEURES ET MINEURES DE MÊME BASE

ré♭	ré♭	la♭	la♭	mi♭	mi♭	si♭	si♭	fa	fa	do	do	sol	sol	ré	ré	la	la	mi	mi	si	si
si♭		fa		do		sol		ré		la		mi		si		fa♯		do♯		sol♯	
	si♭♭		fa♭		do♭		sol♭		ré♭		la♭		mi♭		si♭		fa♮		do♮		sol♮
sol♭	sol♭	ré♭	ré♭	la♭	la♭	mi♭	mi♭	si♭	si♭	fa	fa	do	do	sol	sol	ré	ré	la	la	mi	mi
mi♭	mi♭	si♭	si♭	fa	fa	do	do	sol	sol	ré	ré	la	la	mi	mi	si	si	fa♯	fa♯	do♯	do♯
do	do	sol	sol	ré	ré	la	la	mi	mi	si	si	fa♯	fa♯	do♯	do♯	sol♯	sol♯	ré♯	ré♯	la♯	la♯
la♭	la♭	mi♭	mi♭	si♭	si♭	fa	fa	do	do	sol	sol	ré	ré	la	la	mi	mi	si	si	fa♯	fa♯
fa		do		sol		ré		la		mi		si		fa♯		do♯		sol♯		ré♯	
	fa♭		do♭		sol♭		ré♭		la♭		mi♭		si♭		fa♮		do♮		sol♮		ré♮
ré♭	ré♭	la♭	la♭	mi♭	mi♭	si♭	si♭	fa	fa	do	do	sol	sol	ré	ré	la	la	mi	mi	si	si
maj.	min.	maj.	min.	maj.	min.	maj.	min.	maj.	min.	maj.	min.	maj.	min.	maj.	min.	maj.	min.	maj.	min.	maj.	min.

Ce tableau doit être lu de bas en haut, en partant de la double colonne du milieu.

Remarques

Pour faire d'une gamme harmonique majeure une gamme harmonique mineure, il suffit de baisser la 2ᵉ et l'avant-dernière note en montant ou en descendant.

Pour faire d'une gamme harmonique mineure une gamme harmonique majeure, il suffit de hausser la 2ᵉ et l'avant-dernière note en montant ou en descendant.

La gamme harmonique majeure a à sa base et à son sommet un accord parfait majeur. La gamme harmonique mineure a à sa base un accord parfait mineur.

Les gammes harmoniques majeures et mineures contiennent tous les ♯ ou ♭ qui se trouvent dans leurs gammes mélodiques.

Nous avons dit que la gamme harmonique servait à trouver les accords, l'harmonie qui accompagne un chant quelconque. Mais qu'est-ce qu'un accord? c'est un fragment de gamme harmonique; c'est trois, quatre ou même cinq notes *successives* d'une gamme harmonique majeure ou mineure, frappées simultanément, de manière que l'oreille les entende toutes à la fois. Si, par exemple, l'on frappe ensemble les trois premières notes de la gamme harmonique majeure de *do*, qui sont: *do-mi-sol*, on a un accord.

Si l'on frappe avec le *sol*, dernière note de l'accord précédent, les trois notes successives en montant, qui sont: *sol-si-ré-fa*, on obtient de même un accord, etc.

Trois notes successives d'une gamme harmonique forment un *accord de quinte*, vu qu'il y a un intervalle composé de cinq notes entre la première et la dernière note de cet accord.

EXEMPLE: *do-mi-sol;* de *do* à *sol*, il y a les cinq notes: *do, ré, mi, fa, sol; ré-fa-la;* de *ré* à *la*, il y a aussi les cinq notes: *ré, mi, fa, sol, la*, etc.

Quatre notes successives d'une gamme harmonique forment un *accord* de *septième*, attendu qu'il y a la distance de sept notes entre la plus grave et la plus aiguë de l'accord. Ex: *sol-si-ré-fa;* de *sol* à *fa*, il y a les sept notes: *sol, la, si, do, ré, mi, fa*, etc.

Enfin cinq notes successives d'une gamme harmonique forment un *accord* de *neuvième*. Ex : *sol-si-ré-fa-la;* de *sol* à *la* (octave aiguë), il y a les neuf notes, *sol, la, si, do, ré, mi, fa, sol, la.*

Les accords prennent leur *nom générique de leur note fondamentale* et *de l'intervalle* que *leur sommet* ou note *aiguë forme avec cette note fondamentale.* Exemple : l'accord *do-mi-sol* s'appelle accord de *quinte* de *tonique;* de tonique, parce que *do*, note fondamentale de l'accord, est *tonique* dans la gamme de *do;* de quinte, parce que *sol*, note aiguë de l'accord, forme avec le *do*, sa base, un intervalle de cinquième.

L'accord *sol-si-ré-fa* se nomme accord de *septième de dominante;* de dominante, parce que *sol*, fondamentale de cet accord, est dominante dans la gamme de *do:* de septième, parce que *fa*, note aiguë de l'accord, forme avec le *sol*, qui en est la base, un intervalle de septième.

On appelle *état direct*, la position d'un accord dans lequel les notes qui le constituent se trouvent dans l'ordre de succession tel que les fournit *directement* la gamme harmonique. Exemple: l'accord *do-mi-sol* est à *l'état direct*, parce que les notes qui le composent se trouvent *directement* dans cet ordre de superposition dans la gamme harmonique. (Voir pl. I, N° 2.)

On appelle *renversement*, la position d'un accord dans lequel on a interverti, *renversé* l'ordre naturel, direct des notes qui le composent. Exemple: *mi-sol-do*; cet accord contient toutes les notes de l'accord *do-mi-sol*, mais non dans l'ordre direct où les donne la gamme harmonique; donc, c'est un renversement de *do-mi-sol*. (Pl. I, N° 3.)

Il en est de même de *sol-do-mi.* (Pl. I, N° 4.)

Tout accord de quinte a deux renversements. En mettant au sommet la note grave d'un accord direct, on obtient le premier renversement; en mettant au sommet la note grave du premier renversement, on obtient le deuxième renversement.

$$\text{(1)} \quad \text{État direct.} \begin{cases} \text{sol.} \\ \text{mi.} \\ \text{do.} \end{cases} \quad 1^{er}\ \text{renversement.} \begin{cases} \text{do.} \\ \text{sol.} \\ \text{mi.} \end{cases} \quad 2^{e}\ \text{renversement.} \begin{cases} \text{mi.} \\ \text{do.} \\ \text{sol.} \end{cases}$$

On appelle le premier renversement d'un accord de quinte, *accord de sixte*, parce qu'entre la base et le sommet de cet accord, il y a un intervalle de *sixième*. Ex : *mi-sol-do*, *mi-do*, sixième.

On appelle le deuxième renversement d'un accord de quinte, *accord de quarte et sixte*, parce que entre la première et la deuxième note de cet accord, il y a un intervalle de *quatrième*, et entre la base et le sommet, un intervalle de *sixième*. Ex : *sol-do-mi*, *sol-do*, quarte; *sol-mi*, sixte.

On remarque que le nombre des accords généralement, presque exclusivement employés dans *les compositions élémentaires*, *soit à l'état direct soit renversés*, est de quatre. Rarement on en trouve davantage. Ce sont :

1° L'accord parfait;

2° L'accord de septième de dominante ;

3° L'accord de sous-dominante;

4° Le *premier renversement* de l'accord de sous-médiante.

Remarquez bien que nous disons premier renversement de l'accord de *sous-médiante*. Par exemple en *do* : *fa-la-ré*, au lieu de *ré-fa-la;* car on ne rencontre ce quatrième accord presque jamais à l'état direct.

Mais comment trouver ces quatre accords? comment les faire connaître à l'élève? comment les faire entrer dans son esprit ?

____

(1) Lisez ces accords de bas en haut, ainsi que tous ceux qui suivent.

Voici le moyen que nous employons pour cela :

Nous lui faisons dire et répéter une gamme harmonique quel-conque, en montant et en descendant, celle de *do*, par exemple, et plus tard, surtout celle *du ton* dans lequel le morceau qu'il joue se trouve. Si le morceau est en *do*, on devra lui faire dire la gamme harmonique de *do*, qui est : *do-mi-sol-si-ré-fa-la-do.*

Nous lui disons que les trois premières notes de cette gamme harmonique, qui sont *do-mi-sol*, constituent le premier accord, le plus fréquemment employé, tant qu'on reste en *do*, celui qui doit terminer le morceau ; en un mot, *l'accord parfait* (1). (Vérifiez sur les morceaux élémentaires qui se trouvent, soit dans la méthode qu'on suit, soit dans les cent exercices de Czerny, soit, enfin, dans les danses, romances, etc., que l'élève joue.) (Pl. I, N° 2.)

Si l'on conserve le *sol*, la note la plus aiguë, la dernière de ce pre-mier accord, et qu'on en fasse la première ou la base d'un deuxième

(1) **DE L'ACCORD PARFAIT.** — Premier et principal accord en impor-tance que fournit la gamme harmonique en partant de bas en haut.

Ainsi on appelle *accord parfait, majeur de tonique,* les 3 premières notes d'une gamme harmonique majeure.

Le nom de *tonique*, comme nous l'avons dit plus haut, lui vient de sa base. C'est un accord de quinte : il se trouve sur le 1er degré de la gamme mélodique et harmonique. Le nom de parfait lui vient de ce que, seul, il apporte le sentiment final à l'oreille et fait sentir qu'il est le dernier d'une phrase musicale. C'est un accord consonnant, ne faisant désirer aucune suite : Aussi est-ce toujours par cet accord que doit se terminer un morceau.

On appelle accord parfait *mineur de tonique,* les 3 premières notes d'une gamme harmonique mineure ; c'est aussi un accord de quinte. (V. pl. I, N 16.)

Un accord majeur est donc la réunion des 3 premières notes d'une gamme harmonique majeure ; un accord mineur est donc la réunion des 3 premières notes d'une gamme harmonique mineure. (Pl. I, nos 1 et 15.)

Entre un accord majeur et un accord mineur, il n'y a donc que la tierce de différente.

Dans l'accord majeur, cette tierce forme un intervalle majeur avec la fondamentale ; dans l'accord mineur elle en forme un mineur ; exemple :

<table>
<tr><td rowspan="3">Accord majeur.</td><td>{</td><td>sol.</td><td rowspan="3">‖</td><td rowspan="3">Accord mineur.</td><td rowspan="3">{</td><td>sol.</td></tr>
<tr><td></td><td>mi.</td><td>mi ♭.</td></tr>
<tr><td></td><td>do.</td><td>do.</td></tr>
</table>

L'accord majeur est composé de deux tierces, d'une majeure et d'une mi-neure ; il a, à sa base, la tierce majeure et au sommet la tierce mineur. Tandis que l'accord mineur, aussi composé de 2 tierces, d'une mineure et d'une majeure, a, à sa base, la tierce mineure, et au sommet la tierce majeure.

Pour faire d'un accord majeur un accord mineur, il suffit donc de baisser la 2e note formant avec la 1re une tierce majeure. Pour faire d'un accord mineur un accord majeur, il suffit de hausser la 2e note.

Tous les accords majeurs produisent le même effet que *do-mi-sol* ; tous les accords mineurs donnent le même résultat que *do-mi♭-sol.*

L'accord parfait se présente presque toujours avec la note grave doublée à l'octave aiguë, exemple : *do-mi-sol-do* (aiguë) au lieu de *do-mi-sol* ; *mi-sol-do-mi* (aiguë) au lieu de *mi-sol-do.*

Les Allemands et les Italiens appellent l'accord majeur *dur,* et l'accord mineur *doux.*

accord, en lui superposant encore trois notes successives, on obtiendra l'accord de *septième de dominante*, le deuxième en importance en *do* (1) : *ce sera toujours l'avant-dernier accord du morceau;* car l'exception est des plus rares, et alors il est remplacé par *fa-la-do*, accord de sous-dominante, troisième en importance, et dans l'ordre de succession. Quand c'est ce dernier accord qui précède à la fin d'un morceau, l'accord parfait, la *cadence* n'est pas aussi complètement terminative, et on l'appelle *cadence plagale*.

Il existe une foule de compositions très-belles, des danses, des romances, etc., dans lesquelles on ne rencontre que ces deux premiers accords, c'est-à-dire l'accord parfait et l'accord de septième de dominante.

(Vérifiez sur les études, morceaux, danses, etc., que l'élève joue.)

(1) DE L'ACCORD DE SEPTIÈME DE DOMINANTE. — 2⁼ accord en importance et dans l'ordre de succession des accords que fournit la gamme harmonique en partant de bas en haut.

On appelle accord de 7⁼ de dominante, les 3⁼, 4⁼, 5⁼ et 6⁼ notes d'une gamme harmonique frappées simultanément. (Voir pl. 1, N⁰ 5.)

Cet accord se trouve sur le 3⁼ degré de la gamme harmonique, et sur le 5⁼ de la gamme mélodique. Il est formé avec la dernière note du 1ᵉʳ accord (accord parfait) et les 3 notes successives qui la suivent en montant, dans la gamme harmonique.

C'est un accord dissonnant ou *imparfait* qui fait désirer comme complément et comme suite l'accord parfait. Aussi est-ce toujours l'avant dernier accord d'une phrase musicale, sauf une rare exception.

L'accord de 7⁼ de dominante est commun aux deux gammes harmoniques majeure et mineure de même base.

EXEMPLE ·
{ Majeure : *Do-mi-sol-si-ré-fa-la-do*
{ Mineure : *Do-mi ♭-sol-si-ré-fa-la ♭-do.*

c'est-à-dire qu'il se trouve aussi bien dans la gamme harmonique majeure que dans la gamme harmonique mineure de même base. C'est donc un accord éminemment *tonal*, mais nullement *modal*.

En effet, aucun accord n'a autant de qualités tonales que celui-ci, aucun n'accuse aussi franchement et aussi exclusivement qu'un *seul ton*. Par exemple, dans l'accord de 7⁼ de dominante de *do*, qui est *sol-si-ré-fa*, le *sol* exclut la tonalité de *la* mineur; le *si*, celle de *fa* majeur; le *ré*, celle de *mi* mineur, et le *fa*, enfin, celle de *sol* majeur : toutes *tonalités relatives* de *do* et comme telles dangereuses, très compromettantes pour celle de *do*, puisqu'elles ont toutes 5 ou 6 notes communes avec celle-ci et offrent ainsi une grande facilité pour les déplacements de la tonique, la modulation, en un mot. (Voir p. 64.)

L'accord de 7⁼ de dominante a 3 renversements, exemple : (Pl. I, N⁰ˢ 5, 6, 7, 8.)

(2) État direct.		1ᵉʳ renversement.		2⁼ renversement.		3⁼ renversement.	
	fa.		sol.		si.		ré.
	ré.		fa.		sol.		si.
	si.		ré.		fa.		sol.
	sol.		si.		ré.		fa.

On peut doubler, intervertir, supprimer une ou plusieurs notes sans que l'accord change pour cela de nom, pourvu qu'on en conserve les 2 notes extrêmes, celles qui le caractérisent, c'est-à-dire *sol* et *fa*.

(2) Lisez ces accords de bas en haut.

Enfin, si on conserve de même le *fa*, la note la plus aiguë de ce deuxième accord, et qu'on en fasse aussi *la base*, ou la première note d'un troisième accord, en lui supposant encore dans l'ordre de leur succession les deux notes restant de la gamme harmonique, on aura l'accord de *sous-dominante*, le troisième en importance en *do* (1). (Pl. I, Nos 9, 10 et 11.)

Des quatre accords fréquemment employés en *do*, nous avons donc déjà :

1° L'accord parfait *do-mi-sol*, composé des trois premières notes de la gamme harmonique.

2° L'accord de septième de dominante *sol-si-ré-fa*, composé de quatre notes : la dernière du premier accord, plus, trois nouvelles.

3° L'accord de sous-dominante *fa-la-do* composé de trois notes : la dernière du précédent accord, et les deux notes qui restent encore de la gamme harmonique.

Tels sont les trois principaux accords. Parmi ces accords dont la superposition forme la gamme harmonique, comme le montre l'exemple suivant : (Voir pl. I, Nos 1 et 15.)

3e accord { do. la. fa. 2e accord { ré. si. 1er accord { sol. mi. do (2).	Il y en a deux qui ont chacun trois notes (ils se trouvent à la base et au sommet de la gamme harmonique) et un autre qui a quatre notes, formant le centre, le pivot de la gamme harmonique, et reliant entre eux les deux premiers. La dernière note, le sommet du premier accord, est base du deuxième, la dernière note du deuxième accord est base du troisième.

Pour trouver plus facilement les accords dont nous parlons, il faut habituer l'élève à dire, d'un trait, les trois premières notes d'une gamme harmonique quelconque ; il doit s'arrêter sur la troisième, puis la répéter en y ajoutant trois autres notes successives, s'arrêter sur la quatrième de cette seconde série, puis la répéter aussi ;

(1) **DE L'ACCORD DE SOUS-DOMINANTE.** — 3e en importance et dans l'ordre de succession des accords que fournit la gamme harmonique.

On appelle accord de sous-dominante les 3 dernières notes d'une gamme harmonique frappées simultanément. Cet accord a sa base sur le 6e degré de la gamme harmonique et sur le 4e de la gamme mélodique. C'est un accord de quinte, qui a deux renversements. On le trouve facilement en prenant les premières notes d'une gamme harmonique en *descendant*. (Pl. I, Nos 9, 10, 11, 19, 20 et 21.)

(2) Lisez cette colonne de bas en haut.

et enfin, ajouter les deux notes qui restent de la gamme harmonique.

Ex : *Do-mi-sol* (arrêt), *sol-si-ré-fa* (arrêt), *fa-la-do*.

Un moyen aussi très-simple et très-facile pour trouver les trois principaux accords, c'est de détacher les trois premières et les trois dernières notes d'une gamme harmonique, soit en montant soit en descendant, ce qui donne les deux accords de quinte, l'accord parfait et l'accord de sous-dominante ; le reste de la gamme harmonique, le centre, formera l'accord de septième de dominante.

La gamme harmonique fournit donc *directement*, en *montant* de *bas en haut*, les principaux accords dans l'ordre de leur importance et fréquence d'emploi.

Rien de plus simple, selon nous, que de trouver les trois principaux accords d'un ton, et l'élève qui sait dire les notes d'une gamme mélodique quelconque, peut dire aussi la gamme harmonique, et, par conséquent, les principaux accords qui accompagnent les chants faits avec les notes de cette gamme mélodique

Cependant le *premier renversement* de l'accord de *sous-médiante* a pris une importance si grande, qu'on le trouve dans la musique moderne, pour ainsi dire plus fréquemment employé que le troisième accord, c'est-à-dire l'accord de sous-dominante.

Il nous reste donc à donner à l'élève le moyen de trouver ce quatrième accord.

Nous savons que cet accord ne se présente pas à l'état direct, mais qu'il s'emploie seulement dans le premier renversement, *rarement dans le deuxième*. Nous savons, en outre, que cet accord est pour la gamme harmonique de *do* : *fa-la-ré ;* premier renversement de *ré-fa-la*. Des trois notes qui composent cet accord, les deux premières se trouvent donc dans l'accord *fa-la-do*. Ce n'est qu'une seule note, la dernière, la plus haute, *qui y est changée et remplacée par celle qui la suit diatoniquement dans la gamme mélodique*. Ex : Dans l'accord *fa-la-do*, c'est le *ré* qui remplace le *do*. La note fondamentale du troisième accord sert donc aussi de base au quatrième (1). (Pl. I, Nᵒˢ 12 et 13)

---

(1) **DE L'ACCORD DE SOUS-MÉDIANTE.** — 4ᵉ en importance et dans l'ordre de succession des accords que fournit la gamme harmonique.

On appelle accord de sous-médiante les 5ᵉ, 6ᵉ et 7ᵉ notes d'une gamme harmonique frappées simultanément. Cet accord se trouve sur le 5ᵉ degré de la gamme harmonique et sur le 2ᵉ degré de la gamme mélodique. C'est un accord de quinte, et comme tel il a aussi 2 renversements. On ne rencontre généralement cet accord que dans le 1ᵉʳ renversement. (Pl. I, Nᵒˢ 12, 13, 22, 23.)

Donc, encore une fois, la gamme harmonique fournit les quatre principaux accords qui forment l'accompagnement d'un chant, dans l'ordre de leur importance, et cela, simplement en prenant les notes qui la composent dans l'ordre de leur succession de bas en haut.

La connaissance de ces quatre accords suffira, au moins pendant deux ou trois ans, pour l'analyse harmonique des morceaux élémentaires que l'élève pourra jouer. Au fur et à mesure de ses progrès, le professeur lui donnera quelques explications :

1° Sur la *pédale harmonique*, dont l'emploi est fréquent et se rencontre, par exemple, dès la cinquième et sixième récréation de la Méthode de Le Carpentier (1) ;

2° Sur les notes réelles et de passage ;

3° Sur les retards harmoniques, c'est-à-dire sur les notes dont la résolution est retardée.

Que le professeur ne craigne pas de s'adresser à l'intelligence de l'élève. Plus il lui demandera, plus il l'exercera, et plus elle répondra à son appel.

Nous engageons cependant, à l'entrée de l'étude du piano, à ne pas analyser les *Introductions* des morceaux, car généralement les compositeurs se permettent là des hardiesses, sinon des licences, qui ne sont guère à la portée d'un commençant.

Mais pourquoi n'emploie-t-on que ces quatre accords? Cela se comprend. Les gammes n'ont que sept notes différentes; or, l'accord parfait et l'accord de septième de dominante les contiennent toutes, moins une, qui est la sixième ou sous-sensible. Ces deux accords peuvent donc presque toujours suffire à accompagner la gamme ou un chant simple. Mais, afin d'éviter la monotonie et pour jeter de la richesse, de la variété et de la vie sur le tableau

(1) Toutes les fois que l'accord de 7e de dominante et l'accord parfait se succèdent plusieurs fois de suite, en alternant, on conserve, dans les morceaux d'un caractère calme, le *do* de l'accord parfait, tout en frappant avec lui les notes *ré-fa-sol* appartenant à l'accord de 7e de dominante, et cela afin d'éviter à la main gauche un déplacement par trop fréquent, pour donner plus de liaison, de tranquillité à la composition.

L'oreille s'accommode volontiers avec la dissonance qui résulte de ce *do*, note étrangère à l'accord de *sol*, et la préfère à un déplacement continuel, qui lui occasionnerait plus de fatigue.

musical, on emploie généralement quatre accords pour accompagner la gamme ou tout autre chant, tous ceux, en un mot, que fournit la gamme harmonique et qui ne *compromettent ni la tonalité ni la modalité de la tonique de départ.* Car les autres accords que fournit la gamme harmonique (et elle fournit tous ceux qu'emploient les compositeurs) jouent un rôle plus important dans une autre gamme, dans un autre ton, et leur emploi compromettrait la tonalité et la modalité et nuirait ainsi à l'unité du ton et du mode primitifs, qualités d'une absolue nécessité dans la musique moderne, qui ne doivent jamais être perdues de vue, à moins qu'on ne veuille expressément moduler, c'est-à-dire faire perdre à une tonique cette qualité pour la donner à une autre note. Par exemple, nous trouvons dans la gamme harmonique de *do* majeur, l'accord *mi-sol-si*; mais cet accord joue en *ré* majeur le même rôle que l'accord *ré-fa-la* joue en *do*. L'importance qu'a celui-ci en *do*, celui-là l'a en *ré*. Donc en *do* il serait dangereux et compromettrait la qualité tonique de *do*, tendant à la donner au *ré*.

Nous y trouvons aussi l'accord *la-do-mi*; mais celui-ci joue en *sol* le même rôle, il y a la même importance que *ré-fa-la* a en *do*; et avec un *fa* ♯ dans la mélodie, il jetterait en *sol*. Cet accord est en outre la base et le centre d'attraction de *la* mineur, *relatif* mineur de *do*, et comme tel très dangereux et pour la tonalité et la modalité de *do*, car un simple *sol* ♯ dans le chant pourrait lui attirer la qualité de tonique. Il faut donc le laisser de côté, tant qu'on veut rester en *do*, à moins qu'on ne l'entoure de grandes précautions, c'est-à-dire qu'on ne le fasse immédiatement suivre de l'accord de septième de dominante, très-tonal, du ton primitif.

Il en est de même de l'accord sensible *si-ré-fa* et de tous les accords de septième que fournit la gamme harmonique. Donc, encore une fois, il n'y a que quatre accords qu'on puisse employer sans précaution et sans compromettre ni la tonalité ni la modalité primitives.

Parmi ces quatre accords, il en est un cependant qui reçoit des altérations qui ajoutent une très-grande richesse à cette prétendue pauvreté harmonique. C'est le quatrième accord, celui de *sous-médiante ré-fa-la.*

Nous avons dit qu'on ne le rencontrait que dans le premier et deuxième renversement et jamais à l'état direct. Par exemple, en *do* : *fa-la-ré* au lieu de *ré-fa-la*. Il faut ajouter qu'il est presque toujours suivi de *sol-do-mi*.

Or, souvent, en enchaînant ces deux accords, au lieu de les frapper comme il suit :

ré-mi
la-do
fa-sol

on altère dans le 1er une ou deux notes, en les faisant marcher chromatiquement.

Exemple :

ré	ré ♯	mi		ré	ré ♯	mi
la	la	sol ou sol ♯		la	la	do
fa	fa	mi		fa	fa ♯	sol

Dans ce cas, on y ajoute encore un *do*, ce qui en fait un accord de septième de sous-médiante avec double altération. L'effet de cette succession est grandiose et plein d'énergie. (Pl. I, N° 14.)

Sous cette dernière forme, il se présente fréquemment dans les trois renversements, précédé et suivi de l'accord parfait.

Exemple (1)

sol-la-sol		do-do - do		mi-ré ♯-mi
fa ♯		la		do
mi-ré ♯-mi		sol-fa ♯-sol		do-la - do
do-do - do		mi-ré ♯-mi		sol-fa ♯-sol

Bien entendu qu'il ne faut parler à l'élève de ces altérations que quand il sera déjà assez fort ou du moins assez familiarisé avec les quatre accords principaux pour qu'il ne trouve plus aucune difficulté à les reconnaître dans quelque ton que ce soit. Si cependant, il se présentait des accords que l'élève ne connaîtrait pas encore, il faudrait les *marquer* et les laisser de côté et en ajourner l'explication et l'analyse jusqu'au moment où l'élève serait capable de les comprendre. Car au fur et à mesure que l'élève grandit en connaissance harmonique, le professeur doit aussi élargir le cercle des accords jusqu'à ce qu'enfin il puisse lui montrer tous les accords qu'on emploie dans l'harmonie moderne et que les gammes harmoniques majeures et mineures renferment.

Par exemple, chaque note de la gamme harmonique majeure et de la gamme harmonique mineure peut servir de base à un accord

---

(1) On trouve cet accord fréquemment mal écrit, c'est-à-dire *fa ♯ la-do-mi ♭*, au lieu de *fa ♯-la-do-ré ♯*; *fa ♯-la-do-mi ♭* est un tout autre accord, ayant une autre origine, d'autres tendances, d'autres résolutions; c'est l'accord de 7e diminuée de *sol* mineur et qui devrait être suivi de *sol-si-♭ ré* et non de *sol-do-mi*.

de quinte, qu'on obtient en ajoutant encore à la note prise pour base deux notes successives ascendantes de la gamme harmonique.

Chaque note des gammes harmoniques majeures et mineures peut de même être la base d'un accord de septième, qu'on obtient en y ajoutant trois notes successives ascendantes de la gamme harmonique.

La gamme harmonique de *do* majeur fournira donc les sept accords de quinte suivants :

3 accords maj.					3 accords min.					1 accord neutre appelé diminué		
	do	sol	ré	‖		la	mi	si	‖		fa	
	la	mi	si			fa	do	sol			ré	
	fa	do	sol			ré	la	mi			si	

On obtiendrait de même sept accords de septième que le professeur fera bien de grouper aussi par espèce. De ces sept accords de septième, deux sont rejetés, celui de *do-mi-sol-si* et celui de *fa-la-do-mi*, à cause du demi-ton qu'offriraient leurs renversements.

Le professeur devra faire la même opération sur la gamme harmonique mineure, rayer et éliminer *les espèces d'accords* que lui aura déjà fourni la gamme harmonique majeure et ne conserver que celles qui appartiennent exclusivement à la gamme harmonique mineure, puis les grouper, les additionner avec les espèces fournies par la gamme harmonique majeure. Quant aux accords de neuvième, on n'en emploie que deux, l'un appartenant à la gamme harmonique majeure, qui est l'accord de neuvième de dominante : *sol-si-ré-fa-la*; l'autre appartenant à la gamme harmonique mineure, qui est l'accord de neuvième de dominante : *sol-si-ré-fa-la* ♭.

Nous voudrions bien donner ici le tableau, l'analyse et la classification de tous les accords, mais cela nous conduirait trop loin. Que le professeur le fasse et prenne un bon traité d'harmonie, le lise, l'explique, le commente, enfin, avec l'élève. Celui-ci, arrivé où doit infailliblement le conduire notre présent travail, sera certes apte à comprendre les premières notions d'harmonie.

Nous ne voulons cependant pas terminer ce chapitre sans recommander aux professeurs d'insister surtout :

1° Sur l'accord de sixte augmentée, qui n'est autre chose que le premier *renversement* de l'accord de septième de sous-médiante en majeur ou de septième de sous-dominante dans le relatif mineur avec altération. Exemple : *fa-la-do-ré* ♯, premier renversement avec altération de *ré-fa-la-do*.

2° Sur l'accord de quarte et sixte augmentée, qui n'est autre que le deuxième *renversement* de l'accord de septième de sensible en majeur ou de septième de sous-médiante dans le relatif mineur. Exemple : *fa-la-si-ré* ♯, deuxième renversement avec altération de *si-ré-fa-la* ; accord commun à *do* majeur et à *la* mineur. (Pl. I, 24.)

3° Sur l'accord de septième diminuée. Exemple, en *do* mineur : *si-ré-fa-la* ♭ ; en *la* mineur : *sol* ♯-*si-ré-fa*.

4° Sur l'accord de quinte augmentée. Exemple en *la* mineur : *do-mi-sol* ♯. Cet accord a sa base sur la médiante de la gamme mineure. Tous ces accords produisent des effets riches et grandioses dont l'élève doit être saisi.

Un excellent moyen de les faire connaître à l'élève, c'est de faire jouer des morceaux où ils se trouvent employés, et de profiter de cette occasion pour les lui faire remarquer, connaître et analyser.

EXERCICES PRATIQUES

Aussitôt que l'élève sait jouer la gamme majeure et mineure de *do* ou toute autre, il faut l'habituer à dire les notes de ces gammes par tierce. Exemple : *do-mi*, *ré-fa*, *mi-sol*, etc., en montant et en descendant, et ensuite par superposition de *tierces* ; exemple : *do-mi-sol-si-ré-fa-la-do*, et cela à partir de chaque note ou degré de la gamme, en n'employant d'abord que les notes naturelles, exemple : *do-mi-sol-si*, etc., *ré-fa-la-do*, etc., *mi-sol-si-ré*, etc., et cela aussi bien en montant qu'en descendant, et le plus souvent possible. L'élève doit d'abord dire ces successions de notes, sans regarder le clavier, et puis indiquer avec *un seul* doigt toutes celles qui composent une gamme harmonique quelconque.

Il faut lui faire remarquer qu'entre deux notes harmoniques successives, on saute une note diatonique. Exemple : entre *do-mi*, on laisse le *ré*, etc. (Voir pl. I, Nᵒˢ 1 et 45.)

Mais rien ne prépare l'élève à la connaissance et à l'étude des gammes harmoniques comme de lui faire jouer les gammes mélodiques en octave, a la tierce, à la sixte, par sauts de tierce, etc., comme nous le montrent les numéros 137 à 185 de nos exercices de la première série.

Faire dire les gammes harmoniques de telle ou telle gamme majeure et mineure, puis les lui donner à écrire à titre de devoir. Donner à copier, à analyser nos tableaux des gammes harmoniques Par exemple donner à écrire, sans le copier, le tableau :

1° Des gammes harmoniques majeures (moitié aiguë du tableau, page 66) ;

2° Des gammes harmoniques mineures (moitié grave du même tableau) ;

3° Des majeures et mineures de même base (page 54) ;

4° Des majeures et mineures relatives (page 66).

Donner telle ou telle gamme harmonique à écrire à la clé *sol* et *fa*, etc.

Faire dire, puis donner à écrire les quatre principaux accords d'une gamme harmonique majeure et mineure, avec leurs renversements aux clés *sol* et *fa*.

Ne jamais commencer l'étude d'un morceau sans faire dire et écrire d'abord la gamme harmonique, ainsi que les quatre principaux accords du ton dans lequel on se trouve.

Faire indiquer, faire marquer *au-dessous de chaque mesure* les accords qu'on y trouve, par exemple dans les récréations, dans les romances, dans les danses, dans les cent exercices de Czerny, en un mot dans tous les morceaux que l'élève jouera.

DE LA MODULATION [1]

Nous avons dit, en parlant des différentes fonctions des notes qui composent une gamme (page 30), que la note qui apporte à l'oreille le sentiment du repos final, celle qui fait sentir qu'elle est la dernière note d'une série de sons, d'une phrase musicale, s'appelle tonique. Mais cette qualité *est essentiellement mobile* et peut, dans le cours d'un morceau, passer successivement d'une note à une autre. Une phrase musicale peut, par exemple, commencer en *do*, être faite avec les notes composant la gamme de *do*, et finir sur toute autre note que la tonique *do*, par exemple sur *sol* ou sur le *fa*. Exemples : Planche 11, les numéros 2 et 3.

C'est ce *déplacement* de la tonique dans le cours d'une phrase qu'on appelle modulation (2).

Toute phrase musicale commençant dans une gamme quelconque doit trouver un repos, *doit finir* sur la *tonique* de cette gamme de départ, sinon il y a modulation.

Ainsi, une phrase musicale peut commencer en *do* majeur et finir en *sol*, en *la* ou en *do* mineur. Dans le premier cas, il y a changement de tonique; dans le deuxième cas, il y a à la fois changement, déplacement de tonique et de mode; dans le troisième cas, il y a changement de mode sans déplacement de tonique. En résumé, moduler signifie :

1° Changer de tonique sans changer de mode, par exemple : aller de *do* majeur en *sol*, en *fa* majeur, etc (Pl. 11, Nos 2 et 3);

2° Changer de mode sans changer de tonique, par exemple · aller de *do* majeur en *do* mineur;

(1) Nous ne donnons ici que ce que nous croyons absolument nécessaire pour que l'élève puisse reconnaître et prédire les modulations qui peuvent se présenter dans les compositions qu'il exécute; quant aux accents qui résultent des modulations, nous en parlerons dans notre traité sur l'expression.

(2) Littéralement le mot *moduler* signifie *changer de mode*, passer, par exemple, du *mode* majeur au mineur dans le courant d'un morceau; mais par extension, on emploie ce terme pour indiquer non-seulement les changements de mode mais aussi tous les *déplacements* de *tonique possibles*.

3° Changer de mode et de tonique simultanément, par exemple : aller de *do* majeur en *la* mineur. (Pl. II, N° 4.)

La modulation a donc pour base la *mobilité* de la tonique, la propriété qu'ont les notes de la gamme de pouvoir changer de rôle, de fonction durant une phrase musicale, propriété qui est la source de richesses et de variétés infinies aussi bien sous l'archet du mélodiste que sous celui de l'harmoniste.

En effet, toute composition un peu longue deviendrait ennuyeuse, monotone (un ton), si elle était exclusivement écrite dans un seul et même ton ou mode.

Pour rompre cette monotonie et pour jeter de la variété, de la vie, du mouvement sur le tableau musical, il est nécessaire d'avoir recours à la *polytonie*, de passer du ton ou mode primitif dans un autre. Ce changement se fait de deux manières :

1° On *commence* et on *termine* une phrase dans un ton, et l'on commence, brusquement, sans transition, une autre phrase dans un autre ton ; c'est un simple *changement de ton;*

2° On opère le changement durant la phrase, en faisant perdre aux notes leur fonction, leur importance primitive pour les donner à d'autres notes ; c'est une véritable modulation.

Mais si l'oreille exige de la variété, elle ne veut pas être heurtée, blessée par des successions de tons et des enchaînements trop incohérents, hétérogènes ; elle veut, en un mot, que ces changements de tons, que ces modulations s'opèrent sans la blesser, selon la loi des affinités, des relations qu'ont entre elles la gamme que l'on quitte et celle que l'on commence ; c'est à dire, qu'il faut choisir, pour remplacer la gamme que l'on quitte, une gamme qui ait avec elle beaucoup d'analogie, de parenté, résultant soit d'un grand nombre de notes communes aux deux gammes, soit d'une tonique identique.

De cette manière, l'oreille n'éprouvant aucune surprise désagréable, *aucune fatigue à suivre* les modulations et changements de tons qui se succèdent, goûte tout le charme résultant de ces déplacements de toniques.

Nous allons exposer le tableau général des gammes harmoniques majeures et mineures. Cela nous permettra de voir les gammes qui ont entre elles le plus de notes communes, le plus de relations, et de voir, du premier coup, les modulations qu'on pourrait le plus aisément faire d'un ton quelconque dans un autre, *celles qu'on rencontrera le plus fréquemment.*

TABLEAU GÉNÉRAL DES GAMMES HARMONIQUES MAJEURES ET MINEURES RELATIVES

Donnant instantanément les quatre principaux accords qu'on rencontre dans tous les tons majeurs et mineurs et les *modulations* les plus usitées qu'on fait d'un ton quelconque dans un autre.

3e et 4e acc. de sous-dom. et de sous-méd.	la♭	mi♭	si♭	fa	do	sol	ré	la	mi	si	fa♯	do♯	sol♯	
	sol♭	ré♭	la♭	mi♭	si♭	fa	do	sol	ré	la	mi	si	fa♯	Accord de sous-dom.
	mi♭	si♭	fa	do	sol	ré	la	mi	si	fa♯	do♯	sol♯	ré♯	
2e Accord ou accord de 7e de dom.	do♭	sol♭	ré♭	la♭	mi♭	si♭	fa	do	sol	ré	la	mi	si	
	la♭	mi♭	si♭	fa	do	sol	ré	la	mi	si	fa♯	do♯	sol♯	Accord de 7e de dom.
	fa	do	sol	ré	la	mi	si	fa♯	do♯	sol♯	ré♯	la♯	mi♯	
1er Acc. ou accord parfait	ré♭	la♭	mi♭	si♭	fa	do	sol	ré	la	mi	si	fa♯	do♯	
	si♭	fa	do	sol	ré	la	mi	si	fa♯	do♯	sol♯	ré♯	la♯	Accord parfait.
Majeur	sol♭	ré♭	la♭	mi♭	si♭	fa	do	sol	ré	la	mi	si	fa♯	
ARMURE	6♭	5♭	4♭	3♭	2♭	1♭	0	1♯	2♯	3♯	4♯	5♯	5♯	ARMURE
3e et 4e Acc. de sous dominante	fa	do	sol	ré	la	mi	si	fa♯	do♯	sol♯	ré♯	la♯	mi♯	
	mi♭	si♭	fa	do	sol	ré	la	mi	si	fa♯	do♯	sol♯	ré♯	Accord de sous dom.
	do♭	sol♭	ré♭	la♭	mi♭	si♭	fa	do	sol	ré	la	mi	si	
Acc. de 7e de dom.	la♭	mi♭	si♭	fa	do	sol	ré	la	mi	si	fa♯	do♯	sol♯	
	fa	do	sol	ré	la	mi	si	fa♯	do♯	sol♯	ré♯	la♯	mi♯	Accord de 7e de dom.
	ré	la	mi	si	fa♯	do♯	sol♯	ré♯	la♯	mi♯	si♯	fa+	do+	
Acc. parfait	si♭	fa	do	sol	ré	la	mi	si	fa♯	do♯	sol♯	ré♯	la♯	Accord parfait.
	sol♭	ré♭	la♭	mi♭	si♭	fa	do	sol	ré	la	mi	si	fa♯	
Mineur.	mi♭	si♭	fa	do	sol	ré	la	mi	si	fa♯	do♯	sol♯	ré♯	Mineur.

Ce Tableau doit être lu de bas en haut, en partant de la colonne du *do* du milieu.

Remarques sur ce Tableau

1° Chaque colonne contient une gamme harmonique.

2° Chaque colonne fournit les quatre principaux accords dans l'ordre de leur importance, *en partant de bas en haut*. La première accolade renferme l'accord parfait, le premier en importance et celui qui termine tout morceau qui se trouve dans le ton, dans la gamme que renferme la colonne. La deuxième accolade renferme l'accord de septième dominante, le deuxième en importance et le *pénultième* de tout morceau. La troisième accolade donne le troisième et le quatrième accord en importance : l'accord de sous-dominante et le premier renversement de l'accord de sous-médiante.

3° Chaque accord de quinte se trouve dans trois colonnes *successives;* dans celle du milieu, il est à la base de la colonne, comme accord parfait ; dans celle de droite, il est au sommet comme accord de sous dominante; et dans celle de gauche, il est au centre comme accord de dominante. Exemple : l'accord de quinte *do-mi-sol* est : 1° accord parfait dans la colonne de *do* ; 2° accord de dominante dans la colonne de *fa* ; 3° accord de sous-dominante dans la colonne de *sol*.

4° Dans la première colonne, à gauche et à droite, on ne trouve qu'un accident de plus que dans celle où l'on est et six notes communes ; dans la deuxième colonne à gauche et à droite on trouve deux accidents de plus et seulement cinq notes communes.

5° Plus on va à droite ou à gauche d'une colonne, moins il y a de notes communes, et par conséquent moins il y a d'affinité, d'attraction, de relation, et par conséquent plus la modulation dans ces gammes est difficile et rare.

En partant, par exemple, de *do* au centre des gammes harmoniques, on trouve, à sa droite, la gamme harmonique de *sol* majeur, n'ayant qu'un accident (un *fa* ♯), et à sa gauche la gamme harmonique de *fa*, n'ayant aussi qu'un accident (un *si* ♭).

Les modulations les plus *faciles* en partant du *do* seront donc d'aller en *sol* et en *fa*, c'est-à-dire à la *dominante* et à la *sous-dominante.*

Immédiatement au *dessous* de la colonne de *do* se trouve la colonne de *la mineur*, n'ayant aussi qu'un accident, (le *sol* ♯); la modulation en *la mineur* sera donc aussi très-facile, et par conséquent fréquente.

6° Dans n'importe quelle colonne on module, le dernier accord de la phrase sera toujours le plus bas, le premier de la colonne, celui enfin qui est renfermé dans la première accolade, et l'avant-dernier, le deuxième accord de la colonne formant le centre de la colonne, et renfermé dans la deuxième accolade.

Si donc, on module en *sol*, la phrase devra se terminer avec l'accord renfermé dans la première accolade de la colonne de *sol*, qui est *sol-si-ré*, lequel accord sera précédé de celui renfermé dans la deuxième accolade de *sol*, qui est *ré-fa ♯-la-do*.

Si, au contraire, on module en *fa*, la phrase devra se terminer avec l'accord renfermé dans la première accolade de la colonne de *fa*, qui est *fa-la-do*, lequel accord sera précédé de celui renfermé dans la deuxième colonne de *fa*, qui est *do-mi-sol-si ♭*.

Si, enfin, on module en *la* mineur, la phrase devra se terminer avec l'accord renfermé dans la première accolade de la colonne de *la* mineur, qui est *la-do-mi*, lequel accord sera précédé de *mi-sol♯-si-ré*.

7° Nous voyons, enfin, *qu'au-dessous* de la colonne de *sol majeur*, se trouve la colonne de *mi mineur ; au-dessous* de la colonne de *fa majeur*, la colonne de *ré mineur*. Les gammes renfermées dans ces deux colonnes ne différant des gammes renfermées dans les colonnes immédiatement *au-dessus* que d'un accident (la sensible), ont donc cinq notes communes avec la gamme de *do*.

Après les modulations majeures en *sol* et en *fa*, et celle en *la mineur*, les modulations les plus faciles et les plus fréquentes, en partant du *do*, seront donc d'aller en *mi mineur* et en *ré mineur*.

En effet, après les modulations majeures à la dominante (en *sol*), et à la sous dominante (en *fa*) et la modulation au relatif mineur (en *la mineur*), c'est la modulation au relatif mineur de la dominante et de la sous-dominante qu'on rencontre le plus fréquemment.

Si on module en *mi mineur*, la phrase devra se terminer par l'accord renfermé dans la première accolade de la colonne de *mi mineur* qui est *mi-sol-si*, lequel sera précédé de celui renfermé dans la deuxième accolade, qui est *si-ré♯-fa♯-la*.

Si on module en *ré mineur* la phrase devra se terminer par l'accord renfermé dans la première accolade de la colonne de *ré mineur*, qui est *ré-fa-la*, lequel sera précédé de celui renfermé dans la deuxième accolade, qui est *la, do♯, mi, sol*.

8° Donc, en partant d'une colonne quelconque, on trouve deux modulations majeures faciles, fréquentes : une modulation, à sa gauche et une à sa droite ; et immédiatement au-dessous du point de départ et de ses voisines, trois modulations mineures, ce qui donne en tout cinq modulations, dont deux majeures très-faciles, se trouvent à gauche et à droite d'une colonne quelconque, et une modulation mineure très-facile, celle qui est immédiatement au-dessous du point de départ, c'est sa relative mineure ; et enfin deux autres modulations mineures un peu moins faciles, qui sont les relatives des deux majeures voisines.

Enfin, une sixième modulation, celle au mineur de même base, par exemple, de *do* majeur en *do* mineur, est très-fréquente. Cette fréquence lui vient de sa facilité à s'accomplir, ayant une tonique identique, et l'accord de septième de dominante, commun aux deux modes, pouvant aussi bien être résolu sur l'accord parfait mineur que majeur. Quoique ce tableau ne nous présente pas la connexion immédiate de cette sixième modulation avec celle de *do* majeur, l'élève ne trouvera aucune difficulté à la reconnaître, vu qu'il est très-familiarisé avec les transformations du mode majeur en mode mineur de même base, tous nos exercices de mécanisme ayant pour but de le familiariser avec cette modulation et de saturer son oreille du sentiment de *modalité*.

Pour les mêmes raisons, les modulations en *ré* et *mi* majeur ne lui offriront pas plus de difficultés, ne lui coûteront pas plus d'efforts à les reconnaître, ainsi que *celle en* mi♭ *majeur*, relatif de *do* mineur.

De toutes les remarques que nous venons de faire, on peut aisément tirer cette loi :

1° Plus il y a de notes communes entre deux gammes, plus la modulation est facile ;

2° Plus une modulation est facile et plus elle est fréquente ;

3° La fréquence d'une modulation est en raison directe de sa facilité à s'accomplir.

Donc, les modulations les plus fréquentes, celles qui se présenteront le plus probablement, consistent *à aller dans une gamme qui a un dièse ou un bémol de plus ou de moins que celle dans laquelle on se trouve*, ces gammes ayant, avec celle qu'on quitte, sur sept notes six notes communes, ou de passer dans les relatives *mineures* de ces gammes.

Cette loi permet donc de *prévoir, de prédire* les modulations et changements de ton qui peuvent survenir dans le courant d'un morceau élémentaire, dans tous ceux où la mélodie domine.

En effet, de la nécessité pour la modulation de s'accomplir dans une gamme, offrant le plus grand nombre de notes communes avec la gamme dans laquelle on se trouve, on peut conclure que la modulation aura lieu dans une gamme ayant *un dièse ou un bémol de*

EXEMPLES DE MODULATIONS QU'ON PEUT FAIRE SUR LES 6 1ers DEGRÈS D'UNE GAMME, SANS EMPLOYER NI ♯ NI ♭.

plus ou de moins que celle où l'on est, ou dans leurs relatifs mineurs.

La simple inspection de l'armure, si elle est bien faite (voir page 27), suffit donc pour prévoir, pour *prédire* les changements de tons et les modulations qui peuvent se présenter dans un morceau, ainsi que les accords qu'elles entraîneront ou qu'on devra dès lors rencontrer.

Exemple : Supposons qu'un morceau commence *sans dièses ni bémols* à la clé, cette armure nous indique qu'il est en *do* majeur ou en *la* mineur.

S'il est en *do* majeur, on doit trouver dès la première mesure l'un des deux principaux accords de *do*, c'est-à-dire l'accord parfait *do-mi-sol* ou l'accord de septième de dominante *sol-si-ré-fa*, et alors les modulations ou changements de ton les plus probables seront :

EXEMPLE 2.

1° Dans la gamme qui *aura un dièse* de plus, c'est-à-dire en *sol* majeur, à la dominante, à la colonne de droite. (Pl. II, N° 2.)

EXEMPLE 3.

2° Dans la gamme qui *aura un bémol* de plus ou un ♯ de moins, c'est-à-dire en *fa* majeur, à la sous-dominante, à la colonne de gauche. (Pl. II, N° 3.)

EXEMPLE 4.

3° Dans le relatif mineur de *do*, c'est-à-dire en *la* mineur dans la colonne immédiatement au-dessous de celle de *do*. (Pl. II, N° 4.)

EXEMPLE 5.

4° En *mi* mineur relatif et immédiatement au-dessous de *sol* majeur avec un ♯. (Pl. II, N° 5.)

EXEMPLE 6.

5° En *ré* mineur relatif et immédiatement au-dessous de *fa* majeur avec un ♭. (Pl. II, N° 6.)

6° Ou enfin en *do* mineur, au mineur de même base. (Vérifiez)

Si, au contraire, le morceau est en *la* mineur, il commencera ou par l'accord parfait *la-do-mi*, ou par l'accord de septième *mi-sol*♯, *si-ré*, et dans ce cas les modulations ou changements de ton probables seront :

1° En *mi* mineur ayant un ♯ de plus (à la dominante);

2° En *ré* mineur (à la sous-dominante);

3° En *do* majeur, au relatif majeur, ayant la même armure ;

4° En *sol* majeur, relatif majeur de *mi* mineur ;

5° En *fa* majeur, relatif majeur de *ré* mineur ;

6° En *la* majeur, majeur de même base. (Vérifiez.)

Si un morceau commence avec quatre dièses à la clé, cela indique qu'il est en *mi* majeur ou en *do* dièse mineur.

S'il est en *mi* majeur, on doit trouver dès la première mesure l'accord parfait ou l'accord de septième de dominante de *mi*, et alors les modulations ou changements de tons probables seront :

1° En *si* majeur, avec un ♯ de plus (à la dominante) ;

2° En *la* avec un ♯ de moins (à la sous-dominante) ;

3° En *do* ♯ mineur, son relatif mineur ;

4° En *sol* ♯ mineur, relatif de *si* majeur ;

5° En *fa* ♯ mineur, relatif de *la* majeur ;

6° Ou enfin, en *mi* mineur, mineur de même base. (Vérifiez.)

Si, au contraire, il est en *do* ♯ mineur, on doit trouver dès la première mesure l'accord parfait *do* ♯-*mi*-*sol* ♯, ou l'accord de septième dominante : *sol* ♯-*si* ♯-*ré* ♯-*fa* ♯, et dans ce cas, les modulations les plus probables seront :

1° En *sol* ♯ mineur ;

2° En *fa* ♯ mineur ;

3° En *mi* majeur ;

4° En *si* majeur ;

5° En *la* majeur ;

6° En *do* ♯ majeur. (Vérifiez.)

Si un morceau commence avec deux ♭, cela indique que le morceau est en *si* ♭ *majeur* ou en *sol* mineur.

S'il est en *si* bémol majeur, on doit trouver dès la première mesure l'accord parfait *si* ♭-*ré*-*fa* ou l'accord de septième *fa*-*la*-*do*-*mi* ♭ et alors les modulations ou changements de tons probables seront :

1° En *fa* (un ♭ de moins) ;

2° En *mi* ♭ (un ♭ de plus) ;

3° En *sol* mineur, mineur relatif ;

4° En *ré* mineur, relatif de *fa* majeur.

5° En *do* mineur relatif de *mi* ♭ majeur ;

6° En *si* ♭ mineur, mineur de même base. (Vérifiez.)

Si, au contraire, il est en **sol** mineur on doit trouver dès la première mesure l'accord parfait *sol*-*si* ♭-*ré*, ou l'accord de septième de

dominante : *ré-fa ♯-la-do*, et alors les modulations ou changements
de ton probables seront :

1° en *ré* mineur; 2° en *do* mineur; 3° en *si* majeur; 4° en *fa* majeur; 5° en *mi* ♮ majeur, et 6° en *sol* majeur. (Vérifiez.)

Nous croyons ces exemples suffisants pour l'intelligence de l'enchaînement des tons et modulations.

Le professeur doit à chaque morceau faire la même opération,
c'est-à-dire *faire prédire par l'inspection de l'armure qui se trouve
en tête du morceau* les changements de ton et les modulations, ainsi
que les accords que ces déplacements de tonique entraînent; car,
quelle que soit la modulation qui se présente, il faut toujours trouver
à la fin de la modulation qui coïncide généralement avec la fin d'un
rhythme, les deux principaux accords du nouveau ton où l'on va,
c'est-à-dire son accord parfait et son accord de septième de dominante.

En examinant maintenant attentivement toutes les six modulations faciles, probables, que cette loi nous permet de *prévoir*, on
verra qu'on en trouvera *une* sur chaque degré de la gamme, moins
sur le septième ou sensible. En effet, de *do* par exemple, on module en *sol* majeur (un ♯ de plus), en *fa* majeur (un ♮ de plus), en *mi*
mineur (relatif de *sol*), en *ré* mineur (relatif de *fa*), en *la* mineur
(relatif de *do*), et enfin en *do* mineur.

Outre les modulations indiquées ci-dessus, modulations faciles et
logiques, il en existe une autre qui est aussi très-souvent employée.

Nous pourrions dire aisément qu'on en abuse, car elle paraît
être le refuge des imaginations pauvres cherchant à suppléer à
cette pauvreté par des effets harmoniques riches, grandioses, que
leur procure cette modulation, et qu'ils emploient a tout propos et
cela dans les compositions les plus insignifiantes. C'est, en un mot,
la modulation à la *sous-sensible mineure*, c'est-à-dire à la gamme
ayant sa *tonique* une *tierce* majeure au-dessous de la tonique *primitive*;
par exemple, de *do* majeur en *la* ♮ majeur, de *ré* majeur en *si* ♮
majeur (1).

Le retour à la tonique primitive (car quelle que soit la modula-

(1) Comment notre oreille accepte-elle si aisément la modulation dans une
gamme qui diffère avec celle que l'on quitte par 4 notes? C'est que les deux
principales notes, la tonique et la dominante de cette nouvelle gamme sont
modales mineures dans celle que l'on quitte, et établissent ainsi une grande
relation, une grande affinité entre les deux gammes.

tion qu'on accomplisse il faut toujours revenir au ton primitif),
produit un effet grandiose, magique, par l'emploi *enharmonique* de
l'accord de sixte augmentée, qui n'est autre que l'accord de septième de dominante de la *sous-dominante* de ce nouveau ton.
Exemple : ayant modulé de *do* majeur en *la* ♭ majeur, on prend
l'accord de septième de dominante de *ré* ♭ (sous-dominante de *la* ♭),
qui est : *la* ♭-*do-mi* ♭-*sol* ♭, comme si l'on voulait moduler en
ré ♭, puis tout d'un coup, on regarde le *sol* ♭ comme *fa* ♯, et au
lieu de résoudre cet accord sur *ré* ♭-*fa*, on le résout sur *sol-do-mi-*
sol. L'oreille, à la vérité, est un peu surprise, mais l'effet est in-
attendu, magnifique.

Cette modulation est fréquemment travestie, et l'élève croit
qu'elle enfreint toutes les règles. Il n'en est rien. Par exemple, dans
la *Pluie de perles*, page 4, on trouve brusquement, après une phrase
en *ré* ♭ majeur, une autre en *la* majeur.

Entre *ré* ♭ et *la* naturel, il n'y a, du moins en apparence, aucune affinité, aucune connexion. Cependant, est-ce que la touche
la ne représente pas aussi le *si* double bémol? Or, *si* ♭♭ est la *sous-*
sensible mineure de *ré* ♭ majeur.

C'est donc tout simplement une modulation à la sous-sensible
mineure. Seulement, afin d'éviter un trop grand nombre de ♭, une
armure trop chargée (*si* ♭♭ ayant huit ♭), on fait un changement,
une opération *enharmonique*, on substitue à l'armure de *si* double
bémol, celle de *la*. De cette manière, on épargne six accidents à l'armure, et la lecture du passage devient plus facile. Les compositeurs modernes abusent de ces sortes de substitutions, car on en
rencontre à chaque instant.

Telles sont les modulations les plus fréquentes qu'on rencontre
dans la musique moderne.

Nous avons déjà dit, au commencement de ce chapitre, la différence qu'il y a entre modulation et changement de ton. Nous ajou-
terons seulement ici que les changements de ton sont soumis aux
mêmes nécessités, aux mêmes lois d'affinité, de relation résultant
des notes communes à deux gammes, entre celle que l'on quitte et
celle que l'on prend, que les modulations.

De là il résulte qu'on doit de préférence faire succéder une
phrase dans une gamme qui ait un ♯ ou un ♭ de plus ou de moins
que n'en avait celle dans laquelle se trouvait la phrase précédente.

Toutes les fois qu'il y a de ces changements de ton, on devrait aussi changer l'armure, autrement l'on induit l'élève en erreur, en lui annonçant d'autres accords, d'autres cadences que ceux qu'il rencontre et qu'il attend.

Les modulations proprement dites entraînent évidemment pour les fins de phrase une autre harmonie, d'autres accords que ceux qui ont servi à accompagner le commencement de la phrase, le dernier accord d'une phrase étant toujours l'accord parfait de la nouvelle tonique et l'avant-dernier son accord de septième de dominante.

Il est de toute évidence que pour moduler il faut que les compositeurs cherchent à attirer un *repos* sur la note dont ils veulent faire une nouvelle tonique. Ils obtiennent ce résultat de plusieurs manières:

1° En faisant converger le chant par une marche mélodique ascendante ou descendante vers cette nouvelle tonique;

2° En donnant à cette tonique plus de durée, une plus longue valeur;

3° En faisant coïncider les notes principales. caractéristiques du nouveau ton avec les temps forts de la mesure;

4° En répétant ces notes;

5· En employant les notes formant l'accord parfait et l'accord de septième de dominante de ce nouveau ton.

Le professeur devra attirer l'attention de l'élève sur ceux de ces procédés que le compositeur aura employés pour accomplir les modulations qui se trouvent dans le morceau qu'il joue.

Mais avant toute chose il faut cultiver l'oreille de l'élève, il faut l'habituer à reconnaître les modulations par la tendance, la fonction. l'attraction des notes, par le repos qu'elles sont succeptibles d'offrir. Car les ♯ et les ♭ accidentels sont insuffisants pour déterminer une modulation, vu qu'on peut trouver des modulations sans qu'on ait employé ni ♯, ni ♭ (comme nous le montrent nos exemples, planche II), comme aussi il peut ne pas y avoir modulation tout en rencontrant une foule de ♯ ou de ♭. Cependant, un ♯ accidentel, s'il n'est pas note voisine (1), avec sa tierce au-dessous, par exemple, un *fa* ♯ avec un *ré*, un *sol* ♯ avec un *mi*, etc; un bémol avec sa seconde au-dessus, par exemple, un *si* ♭ avec un *do*, un *mi* ♭ avec un *fa*, etc., sont des indices à peu près certains de modulation.

---

(1) On appelle note voisine celle qui se trouve entre deux notes portant la même note, exemple : *do, ré, do,* ici le *ré* est note voisine.

Encore une fois, l'oreille seule doit être juge s'il y a oui ou non modulation ou déplacement de tonique; les ♯ et les ♭, l'accompagnement, l'harmonie ne doivent que confirmer son jugement.

Dans tous les exemples de modulation que nous donnons, planche II, nous avons toujours employé une suite de notes qui ne laissait pas de doute sur leur tonalité et modalité, et l'oreille, à moins de la torturer, demandait immédiatement pour note finale, pour note de repos, la nouvelle tonique que nous donnons (1).

Mais ces cas ne se présentent pas toujours, car Galin, dans son admirable livre : *Exposition d'une nouvelle méthode de musique*, page 177 et suivantes, prouve que la *détermination du ton* ne dépend pas *seulement des notes* qui se succèdent, mais aussi de l'ordre dans lequel elles se succèdent.

« La tonique, dit-il, est une note de repos vers laquelle tendent
» toutes les notes. toutes les phrases musicales qu'on enchaîne.
» Celles-ci s'en écartent et s'en approchent sans cesse, à peu près
» comme les balancements d'un corps suspendu l'éloignent de la
» verticale et l'y ramènent. L'oreille préjuge le terme de ces espèces
» d'ondulations, et dès qu'elle l'aperçoit elle le sous-entend jusqu'à
» la fin, prenant plaisir à lui comparer tous les sons qui se suc-
» cèdent.

» Or, quand elle entend répéter *plusieurs fois*, en notes égales,
» cette succession *fa*, *mi*, *ré*, *ut*, elle ne peut s'empêcher de prévoir
» ou du moins de désirer que l'*ut* soit le terme de ces répétitions;
» aussi est-on sûr de la choquer, si l'on se repose sur une autre note :
» vous vous écrieriez alors que le chant n'est pas fini; qu'est-ce que
» cela veut dire? car le chant est fini du moment qu'on ne chante
» plus..... Cela veut dire que la terminaison de ce chant n'est pas
» telle que vous l'aviez prévue, et voilà ce qui vous choque.

» Mais par quelles règles l'oreille détermine-t-elle ainsi une base
» sur laquelle le chant doit se résoudre? Il ne faut pas alléguer ici
» le *sentiment secret*, le *goût naturel*, qui sont des mots vides de
» sens. Il vaut mieux avouer qu'on n'a pas encore découvert les
» règles de nos jugements à cet égard, et qu'on les a mieux senties
» qu'on n'a su les exprimer. En y réfléchissant davantage, on

(1) Il est bien entendu que ces exemples que nous avons donnés dans le ton de *do* majeur peuvent s'appliquer aux différents tons de l'échelle musicale, il n'y aurait pas d'autres ♯ ou ♭ à employer que ceux inhérents à chaque gamme.

» pourra, je crois, reconnaître qu'elles sont de deux espèces : les
» unes se rapportant à l'intonation des sons et à leur arrangement
» de phrases en phrases, les autres se rapportant à leur durée et
» même à leur coïncidence avec les temps forts ou faibles de la
» mesure : car, par exemple, si vous réduisez le tétracorde *fa-*
» *mi-ré-ut* en deux mesures de trois temps, savoir : une mesure
» pour le *fa*, et un temps pour chaque autre note, que vous le
» répétiez plusieurs fois de cette manière :

fa-a-a | *mi ré ut* | *fa-a-a* | *mi ré ut* | *fa-a-a* | etc.

» l'oreille attribuera naturellement au *fa* la propriété de tonique,
» et attendra ce *fa* pour conclusion du chant; tandis qu'au con-
» traire, si vous faisiez quatre temps ou trois temps de chaque note,
» elle attendrait le repos sur l'*ut*. En résultat, il paraît qu'un seul
» tétracorde mis en mesure, et même un seul mouvement de
» quarte ascendante, suffit souvent à l'oreille pour lui faire pré-
» juger le ton, et que si la suite du chant ne répondait pas à ce
» début, elle en serait chagrinée.

» On peut s'expliquer à présent pourquoi quelques modernes
» ont regardé notre gamme comme étant en deux tons différents.
» Cela dépend de la combinaison qu'ils formaient de nos deux
» tétracordes, *ut-ré-mi-fa* et *sol-la-si-ut* ; car, en les montant tous les
» deux par notes égales, le premier annonce à l'oreille le ton de
» *fa* et le second celui d'*ut*; au contraire, en les descendant, le
» premier annonce le ton d'*ut* et le second celui de *sol*. C'est ce
» qui a fait dire à Grétry *que notre mauvaise gamme est composée*
» *de deux morceaux pour faire une seule pièce.* Mais en cette
» matière, comme en toute autre, nous ne devons pas accuser la
» nature de se contredire ; nous ne pouvons que nous accuser nous-
» mêmes de n'avoir pas découvert ses vraies voies.

» Les analyses précédentes assurent donc à la mélodie la pro-
» priété de déterminer le ton qu'on lui a contestée quelquefois,
» prétendant que l'harmonie avait exclusivement ce privilége. Cette
» assertion est pleinement renversée par ce qui précède : toute
» mélodie bien faite porte nécessairement en soi l'empreinte
» de la modulation qu'on y a suivie, et l'oreille peut l'y aperce-
» voir distinctement. C'est même la seule raison pourquoi une
» suite de notes, semées au hasard sur le papier, peuvent ne
» faire qu'un chant insoutenable ou même inexécutable, parce que

» l'oreille y voudrait vainement découvrir cette tendance tonique
» qui peut ne pas s'y trouver, si l'on n'a pas eu l'intention de l'y
» mettre. A la vérité, l'harmonie peut donner une teinte plus forte
» à la modulation, mais en cela elle ne fait que confirmer le juge-
» ment que l'oreille a porté d'avance ; et quoiqu'un même chant
» puisse recevoir plusieurs basses différentes, cela ne détruit point
» ce que nous venons de dire ; cela fait voir seulement que la même
» phrase peut appartenir à divers tons par des notes qui soient
» communes à ces tons : en quoi il n'y a rien d'étonnant, puisque
» ce n'est qu'à la faveur de ces notes communes que l'oreille con-
» sent qu'on la mène d'un ton à un autre. Mais, qu'on y fasse atten-
» tion, jamais l'oreille ne suppose de changement de modulation
» sans une absolue nécessité ; car, si ayant supposé une certaine
» tonique aux premières mesures d'un chant, elle en découvre une
» autre pour les mesures suivantes, à laquelle les premières mesu-
» res puissent convenir, elle modifie de suite sa première hypothèse
» pour la réduire à la seconde : de façon que si l'on répète le chant
» après cet essai, elle prend cette fois, dès le début, l'impression de
» la tonique qui convient au plus grand nombre possible de mesures.
» Soit, par exemple, ce début de chant :

(1) $\overline{mi\ mi}$ ré ut | $\overline{si\ si}$ ré fa | mi-i ut

» l'oreille y peut prendre d'abord l'impression du mode majeur
» d'*ut*, ou celle du mode mineur de *la*. Il est plus probable pour-
» tant qu'elle prendra la première impression, parce que rien ne
» l'avertit qu'un *la* doive ensuite paraître pour justifier la seconde.
» Cela étant, j'ajoute cette finale à la phrase :

$\overline{mi\ mi}$ ré ut | $\overline{si\ si}$ ré si | $\overline{la\ ut}$ mi ut | la

» Il en résulte qu'à l'entrée des deux dernières mesures, l'oreille
» est surprise d'avoir mal préjugé le ton, car elle attendait l'accord
» d'*ut* pour repos. Ne pouvant donc concilier le ton d'*ut* avec les
» deux dernières mesures, elle veut concilier le ton de *la* avec les
» cinq premières, et c'est à cette intention qu'elle désire de revenir
» sur ses pas ; alors, reconnaissant que l'unité de ton règne dans ces
» sept mesures, elle en est satisfaite et prononce que la phrase en-
» tière est en *la*, mode mineur. Il n'y aurait que la force d'une basse
» qui pût désormais l'obliger à considérer ce morceau de mélodie

---

(1) La ligne horizontale qui couvre 2 notes indique qu'elles valent ensemble un temps.

» comme étant la réunion de deux phrases en différents modes;
» mais certainement cette basse ne serait pas celle qu'elle préfère, car
» elle doit naturellement préférer celle qu'elle suppose d'avance.

» Supposons, en second lieu, qu'ayant entendu plusieurs fois la
» phrase précédente qui a donné l'impression du mode mineur de
» *la*, on vienne à entendre celle-ci qui commence de la même
» manière :

mi mi ré ut | *si si ré fa* | *mi i ut* | *mi mi ré ut* | *si si ré si* | *ut mi sol mi* | *ut*

» cette fois l'oreille est aussi surprise d'entendre les deux dernières
» mesures à la suite des cinq autres, qu'elle l'était précédemment
» de ne les y entendre pas. Elle revient en arrière pour recon-
» naître s'il règne dans ce chant l'unité de ton qu'elle désire ; elle
» l'y trouve en effet sous le mode majeur d'*ut*.

» Supposons encore qu'après les lectures précédentes, on ter-
» mine la même phrase comme ici :

mi mi ré ut | *si si ré fa* | *mi i ut* | *mi mi ré ut* | *si ut ré si* | *sol si ré si* | *sol*

» alors nouvelle surprise à l'entrée des deux dernières mesures,
» surprise suivie d'un nouvel essai pour reconnaître l'unité de ton.
» Mais cette unité ne règne plus dans le chant, et il est bien réelle-
» ment composé de deux phrases distinctes : la première, en *ut*,
» mode majeur ; la seconde, en *sol*, même mode. Je dis en majeur
» d'*ut*, la première phrase, et non pas en mineur de *la*, parce
» que l'autre phrase, qui est en *sol*, succède beaucoup mieux à la
» première hypothèse qu'à la seconde ; c'est-à-dire, que la nouvelle
» tonique *sol* arrive mieux comme dominante d'*ut*, que comme
» sensible bémolisée de *la*.

» Supposons enfin que la même phrase soit terminée de cette
» autre façon :

mi mi ré ut | *si si ré fa* | *mi i ut* | *mi mi ré ut* | *si ut rè si* | *mi sol si sol* | *mi*

» l'oreille, mise encore en défaut par les deux dernières me-
» sures, cherche vainement l'unité de ton dans le tout ; ne l'y trou-
» vant point, elle se résout à y distinguer deux phrases, la première
» en *la*, mode mineur, et la seconde en *mi*, même mode. Je dis
» en *la*, mode mineur, la première phrase, et non pas en *ut*, mode
» majeur, parce que la seconde phrase ne succéderait pas si bien
» comme médiante que comme dominante de la première.

» Telles sont les vraies règles par lesquelles l'oreille décide du

» ton et de la succession des tons dans la mélodie; et loin que
» l'harmonie lui soit nécessaire à cet effet, j'ajoute que l'harmonie
» elle-même dérive de cette opération vraiment préliminaire et
» fondamentale. Enfin, il est si vrai que la mélodie a le privilége
» de faire sentir la modulation, que même elle n'est bonne qu'à
» proportion de cette propriété, et qu'aussi, quand on y arpége des
» accords, leur succession y est soumise aux mêmes règles que
» dans l'harmonie, règles qui se rapportent principalement à
» l'exacte expression du ton. Généralement toutes les fois que le ton
» devient indéterminé, l'oreille est au supplice; c'est ce qui arrive
» quand on accumule les transitions dans un court espace. On
» accorde assez volontiers le nom de musique savante à des pièces
» qui nous étonnent par ce débordement de modulations. »

En résumé, d'une part l'intonation, c'est-à-dire les notes dont
l'air est composé, le mouvement ascendant ou descendant dans lequel on les emploie; d'autre part, la durée qu'on leur donne, leur
coïncidence avec les temps forts, et enfin leur arrangement symé-
trique de séries en séries peuvent déterminer la tonalité d'une suite
de sons.

Quant aux repos secondaires, aux repos d'incise, de membre
de phrase, ils sont encore plus faciles à obtenir, car il suffit de répéter un court dessin rhythmique plusieurs fois de suite, comme
de faire suivre une blanche d'une noire plusieurs fois de suite
pour obtenir de ce genre de repos. (Exemple 8, planche II.)

Comme on le voit par ces exemples, chaque note de la gamme
peut offrir un repos d'incise.

Tout ce que nous venons de dire sur les modulations et les changements de ton est certes incomplet; cependant, nous croyons
que ceux qui l'auront bien compris ne trouveront aucune difficulté à reconnaître et à prédire les modulations qui peuvent se présenter dans une œuvre élémentaire, dans les récréations de la méthode qu'on suit, dans les danses, romances, les petits morceaux et
études qu'on joue. L'élève qui saura indiquer les modulations dont
nous venons de parler ne trouvera plus aucune difficulté à saisir
toutes les autres, car celui qui aura été habitué, dès le début, à
analyser, à prédire ces modulations, sera de même apte à comprendre les enchaînements de modulations plus compliquées, plus
savantes qu'il trouvera dans les compositions des Beethoven, Weber,
Chopin, Mendelsohn, Schumann, etc. Mais, nous le répétons, par

notre méthode seule il arrivera à ce résultat sans difficultés, pas à pas, sans fatigue et logiquement.

EXERCICES PRATIQUES

Dès les premières récréations de la méthode que l'on suit, le professeur doit attirer l'attention de l'élève sur les déplacements de tonique, sur les modulations et changements de ton. Il devra, par exemple, lui jouer ou chanter cinq ou six fois de suite l'air numéro 1, que nous donnons planche II, suivi de six modulations ; le professeur s'arrêtera avant la dernière note et laissera ainsi la phrase en suspens en la faisant terminer par l'élève.

Il jouera ensuite de même les différentes modulations en ayant soin de faire remarquer la différente tonique que l'oreille demande chaque fois pour note finale.

Rien, selon nous, n'est plus propre à faire sentir et comprendre à l'élève la mobilité de la tonique, la modulation, et à cultiver son oreille.

L'élève ayant bien compris, doit dès lors *indiquer* toutes les modulations et changements de ton qui se trouvent dans les petits morceaux qu'il joue. Il écrit au crayon, au-dessus de la note finale de chaque phrase, la syllabe musicale du *ton* dans lequel la modulation a lieu. Si, par exemple, on a modulé en *sol*, il écrit au-dessus de la dernière note de la phrase, la syllabe *sol*, etc. Nous faisons indiquer de cette manière toutes les modulations, dans tous les morceaux que joue l'élève.

Si à la fin de la phrase, il y a modulation et que la double barre de mesure (on devrait dire barre de *phrase*, de période musicale, etc.) n'y est pas, nous forçons l'élève à l'écrire, à la poser.

L'élève remarquera que ces doubles barres se présentent avec une régularité aussi grande de 8 en 8, de 16 en 16 *mesures*, etc., que les barres de mesure de 2 en 2, de 3 en 3 ou de 4 en 4 temps.

Avant de jouer un morceau quelconque, l'élève doit dire, après l'inspection de l'armure, dans quel ton il est, les modulations et changements de tons probables qui se présenteront ainsi que les accords qu'ils entraîneront.

Interroger constamment dans le courant du morceau, dans quel ton il est actuellement, d'où il vient, où il peut aller, les accords qui devront terminer la phrase dans tel ou tel ton.

Le tableau des gammes harmoniques et des modulations doit être constamment sous les yeux de l'élève : il doit être son guide, sa *boussole*. Seul il lui permettra de s'orienter, d'agir en connaissance de cause, de prévoir ; seul il lui permettra de savoir, non-seulement dans quel ton il est actuellement, mais encore celui dans lequel il était, celui dans lequel il est succeptible d'aller, etc. L'élève devra souvent le copier, le compléter. Plus tard, il l'écrira de mémoire, par fragments et en entier. Si, par exemple, il joue un morceau en *ré* ♭, le professeur lui donne à écrire la gamme harmonique de *ré* ♭, avec toutes celles dans lesquelles il est succeptible de moduler, c'est-à-dire celle qui a un ♭ de plus et celle qui a un ♭ de moins, et leurs relatifs.

En un mot, l'élève doit être saturé de ce tableau. On ne devra pas surtout en négliger les extrémités.

Au lieu de l'interroger sur les tonalités centrales du tableau, celles qui ont peu de ♯ ou des ♭, interrogez-le sur les tonalités aux extrémités, afin qu'il se familiarise avec les gammes ayant beaucoup de ♯ ou des ♭.

Plus tard, quand l'élève composera des petits airs, des danses. etc., lorsqu'il imitera, par exemple, les cent exercices de Czerny (1), le professeur lui prescrira telle ou telle modulation devant tomber au commencement de telle ou telle mesure.

<hr>

(1) Nous faisons imiter ces exercices de deux manières .

1° L'élève conserve la basse intacte et change le chant, soit en conservan les mêmes valeurs, soit en introduisant des broderies,

2° Il conserve le chant et change la basse

DE LA CADENCE

On nomme cadence l'effet produit par l'enchaînement, la succession des trois accords majeurs ou mineurs que fournit une gamme
harmonique. Si, par exemple, on prend les trois accords majeurs
de quinte que donne la gamme harmonique de *do* qui sont : *fa-la-do*,
do-mi-sol, sol-si-ré (1) :

<table>
<tr><td>1° l'Accord parfait</td><td>{ sol
mi
do</td><td>2° l'accord de dominante.</td><td>{ ré
si
sol</td><td>3° l'accord de sous domi-nante</td><td>{ do
la
fa</td></tr>
</table>

et qu'on les groupe autour de l'accord pivotal *do-mi-sol*, en les
enchaînant et en les faisant se succéder de la manière suivante :

Main droite . . . .
$$\begin{array}{l}\text{sol} - \text{la} - \text{sol} - \text{sol} \;|\; \text{sol} \\ \text{mi} - \text{fa} - \text{mi} - \text{ré} \;|\; \text{mi} \\ \text{do} - \text{do} - \text{do} - \text{si} \;|\; \text{do} \end{array}$$

Main gauche, basse | do - fa - sol - sol | do || (Voir pl. III, N° 1.)

on sentira que le dernier accord apporte à l'oreille le sentiment
de la fin d'une phrase musicale. On obtiendra, en un mot, un repos, une chute, *une cadence* parfaite majeure.

La cadence est donc une véritable batterie musicale. Elle cons-
titue un centre d'attraction, d'appellation harmonique. En effet, son
dernier accord procure à l'oreille un repos complet.

On peut et on doit faire la cadence aussi bien sur le premier et
sur le deuxième renversement de l'accord pivotal (parfait), que
sur l'état direct. Ainsi, le premier renversement, *mi-sol-do* de
l'accord parfait de *do* entraînerait la cadence suivante :

$$\begin{array}{l}\text{do} - \text{do} - \text{do} - \text{si} \;|\; \text{do} \\ \text{sol} - \text{la} - \text{sol} - \text{sol} \;|\; \text{sol} \\ \text{mi} - \text{fa} - \text{mi} - \text{ré} \;|\; \text{mi} \end{array}$$ (Voir pl. III, n° 2.)

Le deuxième renversement *sol-do-mi*, donnerait au contraire :

$$\begin{array}{l}\text{mi} - \text{fa} - \text{mi} - \text{ré} \;|\; \text{mi} \\ \text{do} - \text{do} - \text{do} - \text{si} \;|\; \text{do} \\ \text{sol} - \text{la} - \text{sol} - \text{sol} \;|\; \text{sol} \end{array}$$ (Voir pl. III, N° 3.)

(1) Tous les Exemples doivent être lus de bas en haut.

A. TABLEAU DES CADENCES MAJEURES DE *DO*,
à l'état direct et dans les renversements.

1° A l'état direct	sol – la – sol – sol mi – fa – mi – ré do – do – do – si	la mi do	(Voir pl. III, N° 1.)
Basse	do – fa – sol – sol	do	

2° Premier renversement	do – do – do – si sol – la – sol – sol mi – fa – mi – ré	do sol mi	(Voir pl. III, N° 2.)
Basse	do – fa – sol – sol	do	

3° Deuxième renversement	mi – fa – mi – ré do – do – do – si sol – la – sol – sol	mi do sol	(Voir pl. III, N° 3.)
Basse	do – fa – sol – sol	do	

Si, au lieu de prendre les trois accords majeurs que donne la gamme harmonique de *do*, on prenait les trois accords mineurs : *ré-fa-la*, *la-do-mi*, *mi-sol-si*

```
la – mi – si
fa – do – sol
ré – la – mi
```

et qu'on les groupât autour de l'accord pivotal *la-do-mi*, en les enchaînant de la manière suivante :

Main droite	mi – fa – mi – mi do – ré – do – si la – la – la – sol (ou sol ♯)	mi do la	(Voir pl. IV, N° 21.)
Basse	la – ré – mi – mi	la	

on aurait une cadence parfaite mineure (1).

---

(1) Nous avons vu au chapitre des gammes mineures (page 44), que la sensible de la gamme majeure a rendu nécessaire, par analogie et similitude, une sensible à la gamme mineure, ce qui y introduit une note altérée. Cette note altérée doit se conserver dans la gamme harmonique mineure; c'est pourquoi on trouve, dans la cadence de *la* mineur, un *sol* ♯ au lieu d'un *sol* naturel.

B. TABLEAU DES CADENCES MINEURES DE *LA*,

relatif de *do* majeur.

1° A l'état direct	mi – fa – mi – mi | mi do – ré – do – si | do la – la – la – sol♯ | la	
Basse.	la – ré – mi – mi | la	

2° Premier renversement	la – la – la – sol ♯ | la mi – fa – mi – mi | mi do – ré – do – si | o	
Basse.	la – ré – mi – mi | la	

3° Deuxième renversement	do – ré – do – si | do la – la – la – sol ♯ | la mi – fa – mi – mi | mi	
Basse.	la – ré – mi – mi | la	

D'après les exemples qui précèdent, on voit que l'accord parfait tonique, soit à l'état direct, soit en renversement, doit servir de pivot, de centre aux deux autres ; qu'il précède et suit chacun d'eux, et qu'il commence et termine la cadence.

Soit donc qu'il les écrive, soit qu'il les joue au piano, l'élève doit observer, dans les *cadences*, les règles suivantes :

1° Eviter deux quintes de suite entre les mêmes parties ;

2° Eviter deux octaves de suite entre les mêmes parties ;

3° Eviter le déplacement de la main ;

4° Faire suivre le *fa* du *mi* et le *si* du *do*, dans la succession de l'accord parfait, à celui de septième de dominante.

Pour cela, il faut :

1° Conserver entre deux accords qui se suivent une note commune ;

2° User des renversements.

On a l'habitude, pour une cadence complète, de prendre : 1° L'accord tonique ; 2° l'accord de la sous-dominante ; 3° encore l'accord tonique ; 4° l'accord de la septième de dominante ; 5° pour terminer, l'accord parfait tonique.

Si, après l'accord parfait, on employait de suite l'accord de septième de dominante, celui-ci ayant besoin de se résoudre sur le premier, l'accord de la sous-dominante deviendrait inutile et la cadence ne serait pas aussi complète, aussi achevée.

Elle est aussi plus complète si l'accord de la sous-dominante est suivi et précédé de celui de la tonique, qui, de cette manière, se fait entendre trois fois et prend ainsi toute l'importance pivotale qu'il doit avoir.

Au commencement, l'élève doit s'habituer à prendre toujours la même basse, pour l'état direct comme pour les renversements, c'est-à-dire *do*, *fa*, *sol*, *sol*, *do*, ou première, quatrième, cinquième, cinquième, première note de la gamme, une octave au-dessous de la main droite.

On fait aussi une cadence majeure en employant le quatrième accord, dans l'ordre ascendant de la gamme harmonique, c'est-à-dire en employant *fa-la-ré*, au lieu du troisième accord *fa-la-do*; mais évidemment cette cadence perd de sa pureté modale, car *ré-fa-la* est un accord mineur, qui doit nuire à l'impression produite par les accords majeurs. Du reste, on n'emploie ce quatrième accord qu'après le premier et deuxième renversement de l'accord parfait, comme nous le montrent les exemples suivants (1) :

$$
\left\{
\begin{array}{l}
\text{do - ré - do - si} \\
\text{sol - la - sol-sol} \\
\text{mi - fa - mi- ré}
\end{array}
\right.
\left|
\begin{array}{l}
\text{do} \\
\text{sol} \\
\text{mi}
\end{array}
\right\|
\quad \text{(Voir pl. IV, N}^\text{o}\text{ 13.)}
$$

$$
\left\{
\begin{array}{l}
\text{mi - fa - mi - ré} \\
\text{do - ré - do - si} \\
\text{sol - la - sol - sol}
\end{array}
\right.
\left|
\begin{array}{l}
\text{mi} \\
\text{sol} \\
\text{do}
\end{array}
\right\|
\quad \text{(Voir pl. IV, N}^\text{o}\text{ 14.)}
$$

Enfin, on emploie, au lieu du deuxième accord de quinte : *sol-si-ré*, l'accord de septième, *sol-si-ré-fa*, à tous les renversements. (Voir pl. III, N°ˢ 7, 8, 9.)

Pour faire d'une cadence majeure une cadence mineure, il faut baisser les deux modales quand elles se présentent dans l'accord, soit à l'état direct, soit renversé. Ainsi, au lieu de *do-mi-sol*, il faut prendre *do-mi ♭-sol*; au lieu de *fa-la-do*, *fa-la ♭-do*, etc. (Voir pl. III, N°ˢ 4, 5 et 6.)

(1) Si on employait *ré-fa-la*, à l'état direct, après *do-mi-sol*, cela donnerait les deux quintes de suite *ré-la* et *do-sol*.

TABLEAU DES CADENCES PARFAITES DE *DO* MAJ. ET MIN.

1° Cadences majeures faites avec les 3 accords de quinte majeure que fournit la gamme harmonique de *do* majeur.

2° Cadences mineures faites avec les 3 accords mineurs que fournit la gamme harmonique de *do* mineur.

Cadences faites avec les 3 premiers accords d'une gamme harmonique majeure.

Cadences faites avec les 3 premiers accords d'une gamme harmonique mineure.

Pour trouver plus facilement les éléments constitutifs d'une cadence, il suffit de prendre pour *point de départ* d'une gamme harmonique, la sous-dominante, au lieu de la tonique et les accords majeurs et mineurs se présenteront dans l'ordre de leur succession naturelle, sans interruption et à la file, avec l'accord pivotal au centre.

Exemple : dans la gamme harmonique de *do*, au lieu de partir du *do tonique*, c'est-à-dire au lieu de prendre pour point de départ la tonique *do*, partons de la sous-dominante *fa*, tout en conservant les notes qui constituent la gamme harmonique de *do*, et nous trouverons *fa-la-do*, *do-mi-sol*, *sol-si-ré*, trois accords majeurs pouvant former la cadence majeure de *do*; puis, en continuant notre marche ascendante, nous trouverons, sans interruption, les accords mineurs : *ré-fa-la*, *la-do-mi*, *mi-sol-si*, pouvant former la cadence mineure de *la* relatif de *do*.

Remarquons, enfin, qu'en continuant notre marche ascendante, nous trouverons l'accord de quinte : *si-ré-fa*, qui n'est ni majeur ni mineur. Il est donc neutre et à coup sûr appelé à tort diminué. Cet accord relie entre elles les deux sortes d'accords majeurs et mineurs, que contient la gamme harmonique; il est commun à la gamme harmonique majeure et à la mineure relative, et leur sert de transition. En effet, *si-ré-fa*, appartenant aussi bien à *do* majeur qu'à *la* mineur, peut être résolu sur *do-mi*, comme sur *la-do*, c'est-à-dire peut aussi bien être suivi du fragment de l'accord majeur *do-mi*, que de celui de l'accord mineur *la-do*. Cet accord offre donc le moyen le plus naturel et le plus facile de moduler du majeur au mineur relatif.

On le voit par ce qui précède, chaque gamme harmonique majeure ne contient pas uniquement les éléments d'une cadence majeure, mais aussi ceux d'une cadence mineure. Mais chaque gamme ne contenant que les éléments de ces deux cadences, de ces deux sortes de centres d'attraction, ne peut *constituer que deux modes*, le majeur et son mineur relatif. Encore une fois chaque *gamme harmonique, la majeure* comme *la mineure*, contient les éléments des deux cadences, d'une majeure et d'une mineure formant ensemble un même tout harmonique. Harmoniquement, la gamme majeure n'existe pas sans sa relative mineure, et réciproquement; car la gamme harmonique donne ces deux modes à titre égal. Ainsi, le mode mineur se trouve engendré par le majeur et intimement uni à lui. Et c'est parce que la gamme harmonique de *do* majeur contient aussi les éléments de la cadence de *la* mineur, que ces deux gammes ont été adoptées dans la musique moderne au détriment et à l'exclusion des cinq autres échelles que peuvent former les sept notes naturelles résultant des vibrations d'une corde. Voir *Origine de la gamme*, page 34.)

En effet, aucune de ces autres échelles ne contient les éléments d'une cadence pure, c'est-à-dire uniquement majeure ou mineure, *parce qu'aucune ne présente sur le 1er, 4e et le 5e degré diatonique*, un accord majeur sur chacun, en tout 3 accords majeurs pouvant former une cadence majeure, ou un accord mineur, sur chaque degré, en tout 3 accords mineurs pouvant former une cadence mineure.

Tableau de ces différentes cadences défectueuses.

1°·Cadence de *ré*	la fa ré	si sol ré	la fa ré	la mi do	la fa ré	L'accord majeur *sol-si-ré* est excessivement dur après *ré-fa-la*. (Voir pl. IV, N° 17.)
2° Cad. de *mi*	si sol mi	do la mi	si sol mi	si fa ré	si sol mi	L'accord neutre *si-ré-fa*, mauvais. (Voir pl. IV, N° 18.)
3° Cad. de *fa*	do la fa	ré si fa	do la fa	do sol mi	do la fa	Ici encore l'accord neutre *si-ré-fa* produit un très-mauvais effet. (Voir pl. IV, N° 19.)
4° Cad. de *sol*	ré si sol	mi do sol	ré si sol	ré la fa	ré si sol	Ici c'est l'accord mineur *ré-fa-la* qui est mauvais. (Voir pl. IV, N° 20.)
5° Cad. de *si*	fa ré si	sol mi si	fa ré si	fa do la	fa ré si	Horrible ; jamais *si-ré-fa* ne peut apporter le sentiment final. (Voir pl. IV, N°. 22.)

Aucune de ces cadences n'est satisfaisante, parce que aucune n'est purement majeure ou mineure, aucune ne donne une fin, un repos complet.

Des sept échelles naturelles celle de *do* et de *la* seules offrent donc, sur le 1er, 4e et 5e degré diatonique, la 1re un accord majeur sur chacun (en tout, 3 accords majeurs pouvant former une cadence majeure pure); pour la seconde, un accord mineur sur chacun (en

Cadences faites avec le 1er, 2me et 4me accord d'une gamme harmonique majeure.

Cadence faite avec le 1er 2me 3me et 4me accord d'une gamme harmonique mineure.

Cadences défectueuses composées d'accords majeurs et mineurs ou neutres, les accords marqués d'une + produisent un mauvais effet.

*24 Cadence mineure pure, selon nous très bonne.

tout 3 accords mineurs pouvant former une cadence mineure pure).

C'est donc l'harmonie qui a valu à la gamme de *do* majeur et à *la* mineur la préférence typique dont elles ont été l'objet.

Avant que l'harmonie fût constituée, il n'y avait ni majeur ni mineur, nulle prédominance d'une échelle sur l'autre. Avec l'harmonie parurent les deux types bases de la musique moderne qui devaient remplacer les cinq autres échelles naturelles. Est-ce un bien? Est-ce un mal? C'est ce que nous ne discuterons pas ici. L'avenir utilisera-t-il les cinq autres échelles du plain-chant? Nous l'ignorons.

EXERCICES PRATIQUES

Après avoir joué une gamme quelconque, l'élève doit en indiquer la gamme harmonique et les quatre principaux accords, puis les trois accords majeurs et les trois accords mineurs qui peuvent former les cadences. Nous savons qu'il les trouvera à la file, s'il part de la sous-dominante. Il cherchera ensuite à les enchaîner, c'est-à-dire à faire les cadences sur le piano.

Au début du piano, l'élève écrira les cadences avec les monosyllabes *do*, *ré*, *mi*, etc., ainsi que le montrent nos exemples. (Pages 84 et 85).

Plus tard, quand l'élève saura bien écrire en musique, les accords et leurs différents renversements avec les armures voulues, il écrira les cadences à la clef *sol* et *fa*, à l'état direct et dans les renversements et avec les armures nécessaires.

L'élève doit s'habituer à jouer et à écrire :

1° La cadence majeure avec l'accord *parfait direct*, suivie de la cadence mineure, en baissant dans la précédente les modales, c'est à-dire les tierces et les sixtes;

2° La cadence majeure avec le *premier renversement* de l'accord parfait, suivie de la même cadence mineure;

3° La cadence majeure avec l'accord parfait au *deuxième renversement*, suivie de la cadence mineure dans la même position.

L'élève joue et écrit ensuite la cadence du relatif mineur, ce qui le familiasera avec les deux manières d'enchaîner les deux modes. C'est-à-dire qu'il jouera d'abord la cadence mineure de même base, après la majeure. Exemple : *do* majeur, puis *do* mineur. (Rien ne donne à l'oreille le sentiment modal comme cette manière d'enchaîner les cadences). Puis la cadence du mineur relatif, après celle du majeur relatif. Exemple : *la* mineur après *do* majeur.

Enfin, quand l'élève sait bien exécuter les cadences majeures et mineures avec les trois accords majeurs et mineurs que fournit la gamme harmonique, quand il sait transformer la cadence majeure en mineure de même base, etc., et cela aussi bien dans les renversements qu'à l'état direct, il doit s'exercer à faire les cadences avec le premier, le deuxième et le quatrième accord de la gamme harmonique majeure et mineure, soit à l'état direct, soit dans les renversements. (Exemple, page 86 et pl. IV, N°ˢ 13, 14.) Enfin, il fait les cadences en employant l'accord de *septième de dominante* (le deuxième dans la gamme harmonique), au lieu de l'accord de quinte de dominante. (Voir N°ˢ 7, 8 et 9, pl. III.)

Les cadences doivent être jouées et écrites dans tous les tons majeurs et mineurs, une à une. Par exemple, si l'on travaille un morceau ou une étude en *la*, il faut faire jouer la gamme de *la*, donner à écrire comme devoir la cadence de *la* majeure et mineure, à l'état direct et dans les renversements, à la clé *sol* et *fa*, soit avec les trois premiers accords majeurs de la gamme harmonique, soit avec le quatrième, au lieu du troisième, etc. C'est le travail le plus utile que nous puissions recommander ; rien ne prépare mieux aux petites compositions que l'élève doit faire plus tard, et plus il pourra consacrer de temps à ces devoirs écrits, plus ses progrès seront grands et rapides.

Nous avons donné, page 85, les règles que l'élève doit observer soit en écrivant, soit en exécutant les cadences.

DOIGTÉ DES GAMMES ET ARPÉGES [1]

On nomme doigté l'ensemble des doigts nécessaires à l'exécution d'une gamme, d'une phrase, d'un morceau.

[1] Nous ne donnons ici que les règles du doigté nécessaire à l'exécution des exercices qu'offre le présent travail, réservant pour un ouvrage ultérieur les règles générales du doigté : — *Manuel du Pianiste* ; guide complet du professeur, de l'élève et de l'amateur.

Le doigté doit être basé, d'une part, sur la conformation de la main et sur la disposition du clavier; d'autre part, sur la *facilité* et la *grâce* de l'exécution.

Le doigté est indiqué par un chiffre placé au-dessus ou au-dessous de chaque note. Le chiffre 1 indique, pour les deux mains, le pouce; 2, l'index; 3, le médium; 4, l'annulaire; 5, le petit doigt.

Pardessus tout, *il faut éviter tout déplacement, tout mouvement ou effort* inutile de la main. Or, la simple inspection du clavier nous avertit *qu'on ne doit jamais employer dans les gammes*, ni le *pouce* ni le 5ᵉ *doigt sur les touches noires*, mais bien le 2ᵉ et le 3ᵉ sur *do* ♯ et *ré* ♯ (ou *ré* ♭ et *mi* ♭); le 2ᵉ, le 3ᵉ et le 4ᵉ sur *fa* ♯, *sol* ♯ et *la* ♯ (ou *sol* ♭, *la* ♭ *si* ♭). Ces doigts étant plus longs n'ont qu'à s'allonger pour atteindre les touches noires, ce qui offre au pouce la facilité de passer dessous, sans effort ni déplacement de la main.

La main n'ayant que cinq doigts, nous ne pouvons frapper que cinq touches à la suite. Dans les gammes, il faut donc suppléer à cette insuffisance par le double emploi du pouce, du 2ᵉ et du 3ᵉ doigt; le pouce passant sous le 3ᵉ et le 4ᵉ et ceux-ci sur le pouce (jamais le pouce sous, ni après le 5ᵉ doigt, et jamais le 5ᵉ après le pouce). Ce passage du pouce sous les doigts, ou de ceux-ci sur le pouce, doit s'effectuer sans secousse et sans interruption.

On ne doit jamais employer le 4ᵉ sur une *touche blanche*, au *milieu d'une gamme*.

Doigté des gammes majeures.

A. — Gammes majeures ayant pour tonique une touche blanche.

MAIN DROITE.

En montant (1), toutes les gammes majeures ayant pour tonique ou première note une touche blanche, commencent par le pouce qui revient après le 3ᵉ doigt (sur la quatrième touche), et se terminent par le 5ᵉ. Seulement, dans la gamme de *fa*, le pouce ne revient qu'après le 4ᵉ doigt, afin de ne pas tomber sur le *si* ♭. Aussi cette gamme se termine-t-elle avec le 4ᵉ doigt (2).

(1) Chaque doigt doit frapper, en descendant, la même touche qu'il a frappée en montant.

(2) Nous ne faisons jouer les gammes de *fa* et de *si* que pour la démonstration des ♯ et des ♭, et nous les laissons de côté, jusqu'à ce que l'élève ait acquis d'une manière sûre un bon doigté; car ces gammes habituent à passer le 4ᵉ doigt au lieu du 3ᵉ au milieu d'une gamme.

MAIN GAUCHE.

En montant, toutes les gammes majeures ayant pour
tonique une touche blanche, commencent par le 5ᵉ doigt
et se terminent par le 1ᵉʳ. On emploie d'abord les cinq
doigts successivement; le 3ᵉ, 2ᵉ et 1ᵉʳ ne reviennent qu'a-
près le pouce, pour compléter la gamme. Seulement dans la
gamme de *si*, afin d'éviter que le pouce ne tombe sur le *fa* ♯,
on commence par le 4ᵉ doigt, qui, dans ce cas, revient après
le pouce, au lieu du 3ᵉ.

B. — GAMMES MAJEURES AYANT POUR TONIQUE UNE TOUCHE NOIRE.

MAIN DROITE.

Toutes les gammes majeures dont la première note est
une touche noire (dièse ou bémol), commencent par le
2ᵉ doigt; le pouce tombe sur *do* et *fa*, et le 4ᵉ toujours sur *si*♭
ou *la* ♯. (Dans les gammes de *sol* mineur et de *ré* mineur
seules, c'est le 3ᵉ doigt qui tombe sur *si*♭). Le 3ᵉ doit toujours
tomber sur *mi* ♭ ou *ré* ♯.

MAIN GAUCHE.

Toutes les gammes ayant pour tonique une touche noire
commencent par le 3ᵉ doigt suivi du 2ᵉ, 1ᵉʳ et 4ᵉ. Seule, la
gamme de *sol* ♭ ou *fa* ♯ commence par le 4ᵉ doigt, et finit
par le 2ᵉ, précédé du pouce. Si on joue deux ou plusieurs octaves, le 2ᵉ doigt ne tombe que sur la dernière tonique.

Dans toutes ces gammes on met le pouce sur la troisième
et la septième note, excepté dans la gamme de *sol* ♭, où le
pouce tombe sur la quatrième note.

Doigté des gammes mineures.

A. — GAMMES MINEURES AYANT POUR TONIQUE UNE TOUCHE BLANCHE.

Ces gammes ont, aux deux mains, identiquement le même
doigté que les gammes majeures dont la tonique est une touche
blanche.

Il faut profiter de cet immense avantage et faire jouer les mineures de même base immédiatement après les majeures.

B. — GAMMES MINEURES AYANT POUR TONIQUE UNE TOUCHE NOIRE.

Il n'y qu'une seule gamme mineure dont le doigté soit régulier, c'est celle de *la* ♭ mineur (1). On dit que le doigté des gammes mineures est régulier quand le doigté de chaque main est le même dans la gamme mineure que dans la majeure. Tous les autres sont *réguliers à une main et irréguliers à l'autre*. Si le doigté est régulier à la main droite, il est irrégulier à la main gauche; s'il est régulier à la main gauche, il est irrégulier à la main droite.

MAIN DROITE

Le doigté *est régulier*, c'est-à-dire le même pour la gamme mineure que pour la gamme majeure dans les gammes de *la* ♭, *si* ♭ et *mi* ♭ mineurs; *irrégulier* dans les gammes de *ré* ♭ et *sol* ♭ mineurs.

Doigté de la gamme de *ré* ♭ ou *do* ♯ mineur :

2	3	1	2	3	1	2	3
ré ♭,	mi ♭,	fa ♭,	sol ♭,	la ♭,	si ♭♭,	do,	ré ♭, etc.

Doigté de la gamme de *sol* ♭ ou *fa* ♯ mineur :

2	3	1	2	3	1	2	3	4
sol ♭,	la ♭,	si ♭♭,	do ♭.	ré ♭,	mi ♭♭,	fa,	sol ♭,	la ♭, etc.

MAIN GAUCHE

Le doigté *est régulier* dans les gammes de *la* ♭, *ré* ♭ et *sol* ♭ mineurs; *irrégulier* dans celle de *mi* ♭ ou *ré* ♯, et de *si* ♭ ou *la* ♯ mineur.

Doigté de la gamme de *si* ♭ ou *la* ♯ mineur :

2	1	3	2	1	4	3	2	1
si ♭,	do,	ré ♭,	mi ♭,	fa,	sol ♭,	la ♭,	si ♭,	do, etc.

Doigté de la gamme de *mi* ♭ ou *ré* ♯ mineur :

2	1	4	3	2	1	3	2	1
mi ♭,	fa,	sol ♭,	la ♭,	si ♭,	do ♭,	ré,	mi ♭,	fa, etc.

Cette gamme est très-difficile à cause du passage du pouce sur la seconde augmentée ou maxime *do* ♭-*ré*.

---

(1) C'est de toutes les gammes mineures ayant pour tonique une touche noire, la plus facile; toutes les autres sont excessivement difficiles, surtout en mouvement contraire, à la tierce et à la sixte, et doivent être ajournées jusqu'à ce que l'élève connaisse très-bien toutes les gammes majeures. Elles doivent être travaillées par chaque main séparément, avec patience, et demandent beaucoup d'exercice préparatoire; mais enfin comme leur doigté à une main est toujours régulier, on peut concentrer toute son attention sur l'autre.

Doigté des gammes majeures et mineures à la tierce et à la sixte.

MAIE DROITE.

A la tierce (1). Si la tierce, majeure ou mineure (troisième note de la gamme), est une touche blanche, *on se sert du même doigt que si elle était tonique* ou base d'une gamme, c'est-à-dire du pouce. Il n'y a d'exception que pour la tierce de *ré* mineur, *fa*, qui prend le 3ᵉ doigt.

Si la tierce est une touche noire, elle exige le 3ᵉ doigt.

MAIN GAUCHE.

A la sixte (2). La base de la sixte, qu'elle soit une touche blanche ou une touche noire, *garde* le même doigt que celui qui lui serait assigné *comme tierce*. Ainsi, en *la* mineur, le *do* prend le 3ᵉ doigt. Donc, il prendra ce doigt quand il sera base de la sixte *do-la*. La ♯, dans la gamme de *fa* ♯, prend le 2ᵉ doigt. Donc il aura le 2ᵉ doigt quand il sera base de la sixte *la* ♯, *fa* ♯.

Les gammes peuvent avoir à la tierce et à la sixte, plusieurs doigtés; mais le plus simple, celui qui épargne le plus le passage du pouce, doit être préféré.

Doigté des gammes chromatiques.

MAIN DROITE.

Généralement, on place le 3ᵉ doigt sur les touches noires et le 1ᵉʳ sur les touches blanches, (excepté sur *do* et *fa*, qui prennent le 2ᵉ), ou bien on prend le 2ᵉ sur les noires, excepté sur *do* ♯ et *fa* ♯, qui exigent alors le 3ᵉ, et le pouce sur les blanches, excepté sur *do* et *fa* qui prennent le 2ᵉ.

MAIN GAUCHE.

Généralement on place le troisième doigt sur les touches noires, et le 1ᵉʳ sur les touches blanches; excepté sur *si* et *mi*, qui prennent le 2ᵉ; ou bien le 2ᵉ sur les touches noires, excepté sur *ré* ♯ et *la* ♯, qui prennent le troisième, et le pouce sur les blanches, excepté sur *si* et *mi* qui prennent le deuxième.

(1) Pour trouver la tierce, la main gauche doit garder la tonique, et la droite descendre d'une sixte.

(2) Pour trouver la sixte, la main droite doit garder la tonique, et la gauche monter d'une tierce

Pour le moment, nous faisons exclusivement usage du premier
de ces doigtés; plus tard, nous emploierons le second, et bien
d'autres encore, que nous renvoyons à un autre ouvrage.

Doigté des accords et arpéges.

Dans tout arpége il faut frapper chaque note avec le même doigt
qu'on emploierait si on plaquait l'accord (1).

A. — Doigté des accords majeurs et mineurs.

Exemples :

Etat direct, main	Droite : — 1 2 3 5 do, mi, sol, do (aigu) Gauche : — 5 4 2 1
1er renversement, main	Droite : — 1 2 4 5 mi, sol, do, mi (aigu) Gauche : — 5 4 2 1
2e renversement, main	Droite : — 1 2 4 5 sol, do, mi, sol (aigu) Gauche : — 5 3 2 1

Dans tous les accords majeurs et mineurs, il faut employer le
4e et non le 3e doigt, à la main droite, dans le premier et le
deuxième renversement, — à la gauche, dans l'état direct et dans le
premier renversement. On ne doit l'éviter que quand il y a un
trop grand écart (un intervalle de quarte), entre le 5e et le 4e
doigt.

Il faut employer le pouce à la main droite, et le 5e doigt
à la main gauche sur la note grave de l'accord direct ou renversé, que ce soit une touche noire ou une blanche.

Les accords de quinte doivent être travaillés surtout dans le premier renversement, et surtout en exerçant la main droite dans le
deuxième et la gauche dans le premier. Cela exerce et fortifie le
quatrième doigt aux deux mains.

(1) Dans tous les accords, directs ou renversés, que nous faisons arpéger
dans ces exercices, il faut doubler, à l'octave aiguë, la note grave.

B. — Doigté des accords de septième de dominante.

L'accord de septième de dominante ayant cinq notes, en doublant la grave, il faut évidemment employer les cinq doigts à l'état direct, comme dans les renversements; le 1er à la main droite, le 5e à la main gauche, sur la note grave, qu'elle soit une touche blanche ou noire.

Dans tous les accords de septième ayant une touche noire pour base, soit à l'état direct, soit dans les renversements, on pourrait éviter le pouce sur les touches noires; mais tout doigté qui n'aurait pas pour but de familiariser le pouce avec les touches noires et qui négligerait l'exercice du 4e doigt, est à rejeter d'une manière absolue. Il ne s'agit pas ici d'éviter la difficulté, mais bien de la briser.

EXERCICES PRATIQUES.

Toutes les règles de doigté que nous venons d'exposer doivent être expliquées à l'élève au fur et à mesure, une à une, selon les besoins du travail. Le maître explique la règle aussi clairement que possible, en fait comprendre la raison, et y revient souvent; l'élève la répète, l'explique à son tour, d'abord verbalement et à plusieurs reprises, puis par écrit, et, comme devoir, d'une leçon à l'autre. On pourrait encore faire copier ces règles une à une, les faire apprendre par cœur et formuler, à la suite, un questionnaire.

Il ne faut jamais commencer une nouvelle gamme ou un nouvel exercice avant que l'élève ait dit quel doigté doit être employé.

Quand l'élève écrira les gammes et exercices en musique, il devra indiquer par un chiffre le doigté de chaque note.

Donner à doigter les exercices et récréations de la méthode qu'on suit, danses, morceaux, et les études qu'on travaille. Donner à doigter de petits *morceaux classiques*, et ensuite comparer le doigté fait par l'élève à celui des éditions de MM. Marmontel, Le Couppey, Lemoine, etc. Comparer, raisonner, analyser fréquemment les différents doigtés d'un même morceau, dans ces différentes éditions.

Surveiller constamment le doigté des gammes, des arpéges et des exercices. Pour faciliter cette surveillance, il faut exercer très-souvent, les deux mains séparément, surtout, faire jouer la main gauche seule, en descendant.

EXERCICES DE MÉCANISME

Première Série

Exercices basés sur les gammes majeures, mineures et chromatiques

Nous venons d'exposer les principes théoriques, cherchons maintenant à les appliquer au mécanisme du piano *dans tous les tons et modes.*

Commençons d'abord par appliquer la théorie des gammes; cela nous fournira la première série de nos exercices pratiques de mécanisme ; puis nous prendrons l'accord parfait et l'accord de septième de dominante, que nous arpégerons à l'état direct et dans tous les renversements, par mouvement semblable et contraire, dans tous les tons, etc.

Nous tâcherons d'obtenir de ces deux bases le plus de résultat possible au point de vue du mécanisme, de la mesure, du sentiment de la tonalité et de la modalité, etc. .

Au moment où l'élève commence la gamme de *do* majeur, quelle que soit la méthode dont on se serve, nous la laissons de côté, *bien entendu pour cet objet seulement,* et nous faisons travailler les gammes d'après nos principes, c'est-à-dire sans méthode, l'élève devant, sur nos indications les créer, les jouer, les écrire lui-même.

D'abord il nous dit les notes qui composent la gamme à entreprendre, les indique, avec un seul doigt, une à une, en montant et en descendant ; nous dit d'après nos principes, le doigté qu'il devra prendre aux deux mains, il le vérifie et en constate la facilité, la commodité, etc., puis il nous indique les endroits où

7

le pouce doit passer sous le troisième et le quatrième doigt, afin qu'il puisse préparer cette difficulté, car toute gamme doit être préparée.

Préparer une gamme c'est rompre d'avance, isolément, fragment par fragment, et pour chaque main séparément, toutes les difficultés que l'élève peut rencontrer dans son exécution.

Ces difficultés sont, pour les gammes à l'octave : 1° le passage du pouce sous le troisième et le quatrième doigt ; 2° le passage de ceux-ci sur le pouce.

On commence donc par préparer la main droite seule, en lui faisant jouer les exercices n°s 1 et 2 (planche V), jusqu'à ce que toute difficulté, toute hésitation aient disparu. Ensuite la main gauche joue aussi seule les exercices n°s 3 et 4 (pl. V), et enfin les deux mains jouent ensemble les exercices 5 et 6.

Dans tous les exercices de gamme, la main gauche joue une ou deux octaves au-dessous de la droite.

L'élève doit, durant ces exercices, tenir la main debout, arrondie ; les doigts seuls doivent se lever et faire l'articulation, et la main reste, autant que possible, immobile. La meilleure préparation est celle qui embrasse en même temps les deux passages du pouce sous le troisième et le quatrième doigt, comme nous le montrent les exercices 5 et 6 (pl. V).

La difficulté du passage du pouce une fois vaincue, l'élève joue, chaque main séparément, la gamme de *bas en haut seulement* et plusieurs fois de suite, comme nous le montrent les exemples 7, 8, 9 (pl. V). Il doit compter 8, à haute voix, et frapper un peu fort sur la première et sur la cinquième note de la gamme, de manière que ces deux notes impressionnent davantage l'oreille, ce qui lui donnera un son fort, un *accent* de quatre en quatre. Puis il joue la même gamme de *haut en bas* seulement, chaque main séparément, et plusieurs fois de suite, comme nous le montrent les exercices 10, 11 et 12, en comptant toujours bien également 8, et en frappant de même un peu plus fort sur la première et la cinquième note ; enfin l'élève joue la gamme de la même manière, *les deux mains ensemble*, la gauche une octave au-dessous de la droite, cinq ou six fois de suite, en montant seulement, puis cinq ou six fois de suite en descendant, comme nous le montrent les exemples 7, 8, 9 ; et 10, 11 et 12.

S'il joue ces exercices sans hésitation, également, avec une certaine assurance, il pourra enfin jouer la gamme entière comme à l'exercice n°° 13, 14 et 15, c'est-à-dire une seule fois en montant, et de suite en descendant. Dans ces exercices il doit d'abord frapper deux fois le *do* aigu ; la première fois pour terminer la gamme ascendante, et la deuxième fois pour commencer la gamme descendante (1).

Aussitôt que cet exercice ira bien, l'élève jouera la gamme *sans répéter* le *do* aigu, mais en *restant* la *moitié* plus longtemps dessus, c'est-à-dire en *comptant un et deux* sur le *do* grave et aigu ; de plus il frappera ces *do* très-énergiquement, tout en accentuant aussi un peu la quatrième note de la gamme, cette fois en montant et en descendant.

Ainsi l'élève comptera d'abord huit en montant, *un* sur chaque note de la gamme, et cela très-lentement et également, ce qui donnera deux mesures à quatre temps avec *une* note pour chaque temps. (Exercice 7.) Quand il saura cette gamme avec sûreté, il la jouera la moitié plus vite, et frappera ainsi *deux notes* sur chaque temps, ce qui ne lui donnera plus qu'une mesure à 4 temps pour la gamme ascendante. (Ex. 8.)

Enfin, plus exercé encore il jouera la moitié plus vite et frappera ainsi quatre notes pour chaque temps, ce qui ne lui donnera plus qu'une mesure à deux temps pour la gamme ascendante. (Ex. 9.)

Quand il jouera la gamme comme nous le montre l'exercice 16, c'est-à-dire en restant la moitié plus longtemps sur les *do*, graves et aigus, il comptera d'abord aussi 8 très-lentement et également. De cette manière il frappera le *do*, en disant *un*, il le gardera (voir exercice 16), il tiendra la touche baissée, en disant *deux* sans frapper ; sur *trois* tombera le *ré* ; sur *quatre* le *mi*, sur le *fa*, il dira *cinq*, sur le *sol six*, sur le *la*, *sept*, et enfin, sur le *si*, *huit*. Sur le *do* aigu il comptera aussi deux temps et descendra en frappant *si*, sur le troisième, *la*, sur le quatrième, *sol*, sur le cinquième, *fa*, sur le sixième, *mi*, sur le septième et *ré* sur le huitième temps.

Quand il possédera cette gamme avec sûreté, il la jouera la moitié plus vite, *comptant toujours dans le même mouvement*, ce

(1) La gamme n'ayant que 7 notes différentes et *sept* étant *un nombre antimusical, anti-métrique*, c'est-à-dire nullement propre à donner le sentiment de la mesure, il faut d'abord, ou répéter le *do* aigu, ou rester la moitié plus longtemps dessus que sur les autres notes, ce qui donnera 8 durées égales.

qui lui donnera sur le premier temps *do* seul, et sur chacun des trois autres temps, deux notes. (Exemple 17). Enfin, plus exercé encore, il la jouera encore la moitié plus vite, c'est-à-dire comptant toujours dans le même mouvement, avec la même vitesse, il frappera sur le premier temps *do*, *ré* et *mi*, en donnant au *do* à lui seul autant de valeur qu'au *ré* et au *mi* ensemble ; pour cela, il est bon qu'il prononce ces notes de la manière suivante : *do-o, ré-mi*, et il frappera sur les 2ᵉˢ temps, les quatre notes : *fa-sol-la-si*. (Exercice 18.) Il descendra en disant sur le premier temps *do-o-si-la*, c'est-à-dire *do* prenant autant de valeur à lui seul que *si* et *la* ensemble, etc. (Exercice 18.)

Pour terminer ces gammes, l'élève restera sur le dernier *do* final aussi longtemps que sur toute la gamme ascendante ou descendante, c'est-à-dire quatre ou deux temps.

L'élève ne devant momentanément pas écrire les gammes, nous ne donnons pas de plus longues explications sur la manière de représenter la durée des sons ; nous les ajournons aux arpéges ; mais alors, si l'élève les a bien comprises, il ne trouvera pas plus de difficultés à écrire les gammes, dans les différentes mesures, que les arpéges. (Voir page 107). Il faut seulement faire remarquer *que les mêmes notes forment des mesures différentes, selon qu'on les joue plus ou moins vite*, c'est-à-dire selon qu'on leur donne une durée ou valeur plus ou moins longue.

Enfin l'élève pourra jouer la gamme dans l'étendue de deux octaves, restant toujours la moitié plus longtemps sur les *do*, c'est-à-dire leur affectant une durée double de celle des autres notes. Il jouera ainsi, dans l'étendue de deux octaves, les exercices 16, 17 et 18, comme aux numéros 19, 20 et 21.

L'élève étant maître de la gamme par mouvement semblable (les deux mains montant et descendant simultanément), nous la lui faisons jouer par mouvement contraire (les deux mains s'écartant ou se rapprochant).

A la vérité, nous commençons l'étude des gammes presque toujours par cette manière, c'est-à-dire *que nous faisons jouer toutes les gammes ayant pour tonique une touche blanche en mouvement contraire, avant que de les faire jouer en mouvement semblable.* Cette manière est, selon nous, plus facile, si étrange que cela puisse paraître, les mêmes doigts, aux deux mains, frappant simultanément, coïncidant. Pour cela, nous faisons faire les préparations comme nous le montrent les exercices 22, 23, 24 et 25 (pl. VI), les deux mains, séparément d'abord, et très-lentement, puis un peu plus vite, et enfin les deux mains ensemble.

Aussitôt que ces préparations sont exécutées avec facilité et sans hésitation, nous faisons jouer la gamme huit ou dix fois de suite, *les deux mains simultanément*, la droite descendant et la gauche montant (exercices 26 et 27), toujours en accentuant la première et la cinquième note; puis la droite montant et la gauche descendant (exercices 28 et 29); et enfin comme aux n°° 30, 31 et 32, c'est-à-dire les deux mains simultanément, la gauche descendant et la droite montant, et de suite la gauche montant et la droite descendant. De même dans l'étendue de deux octaves. (N°° 33, 34 et 35.)

Quand l'élève est bien maître de la gamme de *do* majeur en mouvement semblable et contraire, qu'il la joue avec agilité et sans hésitation, on lui fait jouer la mineure de même base, c'est-à-dire la gamme de *do* mineur.

C'est ici que le professeur doit placer la démonstration du majeur et du mineur, telle que nous l'avons donnée au commencement du chapitre de la gamme mineure, page 37. Le professeur dit la règle qu'il faut suivre pour faire d'une gamme majeure une gamme mineure, etc., etc. L'élève, sans regarder le clavier, dit les deux notes qu'il faut baisser (la tierce et la sixte), puis toutes celles qui composent la gamme mineure.

On doit préparer la gamme mineure comme la majeure, les deux mains séparément d'abord, en mouvement semblable et contraire. (N°° 48, 49, 50, 51, 52 et 53 pour le mouvement semblable.) — Bien entendu, on doit prendre *mi* ♭ au lieu de *mi*, *la* ♭ au lieu de *la*. — (N°° 68, 69, 70 et 71 pour le mouvement contraire.) Pour le reste, on joue la gamme mineure de la même manière que la majeure, c'est-à-dire obtenant différentes mesures selon la plus ou moins grande vitesse avec laquelle on l'exécute. (N°° 72 à 84.)

Nous avons déjà dit (page 40), que l'élève doit compter 1, 2, 3, 4, 5, 6, 7, 1, en commençant les gammes mineures, et appuyer fort sur la *troisième* et la *sixième*, qui sont les deux modales. Rien n'aide plus à trouver d'emblée les gammes mineures, surtout si l'on va très-lentement; mais une fois qu'on possède bien les notes, une fois qu'on connaît la composition intégrante de la gamme mineure, on doit jouer en mesure, c'est-à-dire appuyer très-fort sur la première note de la gamme en lui donnant une valeur double de celle des autres, et un peu sur la quatrième de la manière suivante : (Nᵒˢ 68, 64 et 65.)

En mouvement contraire, les deux modales coïncident, c'est-à-dire que si la main droite frappe la tierce, la gauche frappe la sixte, et réciproquement. Cette remarque sera d'un grand secours, surtout dans les gammes mineures ayant pour tonique une touche noire. Toutes les gammes majeures ayant pour tonique une touche blanche doivent être suivies immédiatement de la gamme mineure de même base ; c'est-à-dire après *do* majeur, *do* mineur ; après *ré* majeur, *ré* mineur, etc. Le doigté étant identique, cela n'offrira aucune difficulté.

Mais les gammes mineures ayant pour tonique une touche noire ne doivent être jouées que plus tard, car toutes, excepté celle de *la* ♭ mineur, ont un doigté irrégulier et sont très-difficiles. On ne les jouera donc que quand on saura d'une manière bien sûre les gammes majeures ayant pour tonique une touche noire. Alors, on commencera par celle de *la* ♭ majeur et mineur, puis celle de *ré* ♭, *sol* ♭, *la* ♭, *si* ♭ et *mi* ♭ majeurs et mineurs.

Encore une fois, ces gammes étant exceptionnelles, elles demandent à être bien et longuement préparées ; mais avec de la patience, une attention soutenue et une préparation intelligente, on arrivera à les posséder, surtout si l'on observe bien notre méthode, si on les fait jouer sans musique sous les yeux ; l'attention pourra ainsi se concentrer sur le doigté.

Toutes les gammes doivent être jouées de la manière que nous venons d'indiquer pour la gamme de do majeur et mineur.

Ainsi, toute gamme doit être préparée les deux mains séparément, puis les deux mains ensemble, tant en mouvement semblable qu'en mouvement contraire, pour le mineur comme pour le majeur, très-lentement d'abord, puis en augmentant progressivement la vitesse. Toujours, toujours jouer en mesure, c'est-à-dire en accentuant régulièrement un son de deux en deux, de trois en trois ou de quatre en quatre.

Ce n'est que quand l'élève aura acquis un bon doigté et une

parfaite connaissance de toutes les gammes, qu'on pourra laisse de côté les préparations.

Voici l'ordre dans lequel nous faisons ordinairement jouer les gammes majeures et mineures: *do, sol, ré, la, mi* (1).

Pour les gammes majeures ayant pour tonique une touche noire, nous commençons par celle de *ré* ♭, que nous regardons, au point de vue du doigté, comme le type des gammes ayant pour tonique une touche noire. Oserions-nous le dire? nous avons l'habitude de faire jouer la gamme de *ré* ♭ majeur immédiatement après celle de *do* majeur, sinon avant, et, à coup sûr, avant celle de *sol, ré, la,* etc. C'est que nous regardons la gamme de *ré* ♭, comme la plus facile de toutes les gammes, donnant une pose excellente à la main, qui alors, formant voûte, offre au pouce une grande facilité pour passer sous le troisième et le quatrième doigt. De plus, elle familiarise l'élève avec les touches noires qui, en très-peu de temps, ne l'effraieront pas plus que les touches blanches. Nous savons que cette manière de jouer la gamme de *ré* ♭ avant toutes les autres sort de l'habitude, et peut même paraître étrange; n'importe! qu'on essaie et nous répondons du succès!!

Après *ré* ♭ majeur, qu'on la fasse jouer comme nous le faisons ou dans un autre ordre de succession, viennent les gammes : *sol* ♭, *la* ♭, *si* ♭ et *mi* ♭ majeur.

On ne doit les faire jouer, ainsi que celle de *ré* ♭, qu'en mouvement semblable seulement, jusqu'à ce que l'élève ait acquis une grande familiarité avec le clavier. Plus tard, on les jouera aussi en mouvement contraire, en commençant par la plus facile, qui est celle de *mi* ♭ (parce que dans cette gamme, en mouvement contraire, le 4e doigt tombe, aux deux mains, simultanément); puis on continue par celle de *ré* ♭, *sol* ♭, *la* ♭ et *si* ♭. Toutes doivent être religieusement préparées, puis jouées très-lentement d'abord, en accentuant beaucoup sur la *première* et la *quatrième* note de la gamme, sur lesquelles a lieu le passage du 4e et du 3e doigt par dessus le pouce.

(1) Nous laissons de côté les gammes de *fa* et de *si* (sauf pour la démonstration des dièses et des bémols), jusqu'à ce que l'élève ait acquis un doigté sûr. En effet, ces gammes habituant le 4me doigt à passer au milieu d'une gamme, au lieu du 3e, l'élève pourrait, par routine, jouer ainsi les autres gammes, par exemple, dans la gamme de *do*, mettre le 4e sur *fa* et le pouce sur *sol*, ce qui est détestable.

Dès que l'élève connaît bien une gamme majeure et mineure, il faut l'habituer à la jouer sans regarder ses mains, par exemple, la nuit, dans l'obscurité ; il faut qu'il joue avec agilité, tout en tirant un son plein et rond. Mais quelle que soit la netteté de son jeu, nous lui faisons répéter souvent, la main gauche seule, surtout en mouvement descendant ; c'est le seul moyen de lui donner de la force. Il faut toujours se méfier de cette main, qui cache ses misères sous les qualités de la main droite.

Une fois que le sentiment de la mesure, du rhythme et toutes les autres qualités que donne l'exercice des gammes *avec un arrêt* sur la *tonique* sont acquises, l'élève jouera les gammes avec des valeurs égales sur chaque note, *sans arrêt sur la tonique*, et dix, vingt, trente fois de suite. Ce sera un excellent exercice pour développer la force, l'agilité et la souplesse des doigts. Alors aussi on commencera à jouer les gammes à la tierce et à la sixte, en mouvement semblable et contraire (Nᵒˢ 36 à 48 et 84 à 96), ainsi que des trois différentes manières que nous indiquons au commencement des principes méthodiques. (Pages 9 et 10 et planche V.)

Si l'élève a la main assez grande, on peut lui faire commencer en même temps que les gammes à l'octave, *celles en octave* et les lui faire travailler concurremment avec les autres. (Nᵒˢ 112 à 185).

Si la main est petite, les exercices Nᵒˢ 112 à 120 aideront à lui donner de l'écart et à l'agrandir (1).

On peut de même commencer de suite les gammes majeures et mineures à notes répétées, et même les gammes chromatiques. (Nᵒˢ 204 à 226 et les Nᵒˢ 226 à 251.) Rien n'est plus propre à donner à l'élève de l'aplomb, de la familiarité avec le clavier, que ces différents exercices de gamme que l'élève fera sans ennui, sans fatigue et sans obstacles ; mais il faut que le maître isole les difficultés, les prépare et guide l'élève avec circonspection et *sagesse*, *tout en variant le travail*. Évitez de rester trop longtemps sur le même genre d'exercice. Cela est capital ; il faut le quitter et y revenir souvent.

Nous ne saurions assez recommander les exercices des gammes *en octave*, à la tierce et à la sixte ; rien ne fait mieux saisir *la*

(1) Toutes les gammes et les exercices en octave doivent être préparés, c'est-à-dire qu'on doit frapper, répéter chaque octave (main-morte, avec le poignet), 4, 3 et 2 fois de suite, et enfin 1 seule fois. La gamme majeure en octave doit être immédiatement suivie de la gamme mineure de même base.

composition intégrante d'une gamme, et toutes les notes ♯ ou ♭ qui y entrent. En effet, il peut y avoir encore une certaine routine à jouer les gammes diatoniquement (par degré conjoint), mais à la tierce et à la sixte, il n'y a plus de routine possible. De plus, en *préparant ces genres de gammes*, l'élève a le temps de penser aux notes qui la composent, de les chercher et de s'orienter; c'est ainsi que disparaissent toutes les difficultés. En outre, ces préparations ont l'avantage de développer la force du poignet. Les gammes *en octave* par mouvement contraire doivent être préparées par les exercices à l'octave (N°ˢ 22 et 24, 68 et 70), dont on pourrait frapper quatre, trois, deux fois chaque note.

Ainsi que nous venons de le voir, nos exercices ou modèles ne doivent pas être travaillés dans l'ordre où ils se trouvent. *N'oublions jamais que ce ne sont que des échantillons*, des *recettes*, que le professeur doit employer, dicter habilement, là et au moment où il croira utile de le faire, selon la qualité à acquérir ou le défaut à corriger, et jusqu'à ce que le but qu'il a en vue soit atteint. L'élève doit-il jouer, par exemple, la *première rêverie* de Rosellen, il faut lui faire jouer, deux ou trois leçons d'avance, la gamme de *sol* et de *ré* en notes répétées, aux deux mains, par degré conjoint et disjoint, comme nous le montrent les exercices n°ˢ 204 à 215.

Il en est de même de tous les autres exercices. Il faut les faire travailler comme préparation, *surtout en vue de l'exécution d'un morceau quelconque*.

Une fois que l'élève est initié à la méthode, il suffit que le maître lui dise : Jouez telle ou telle gamme, de telle ou telle manière, par exemple : à la tierce, à la sixte, majeur, mineur, en mouvement contraire ou semblable ; en octave par sauts de tierces (intervalles de tierces), ascendantes, exemple n° 142, descendantes (166); par sauts de tierces en mouvement contraire (N°ˢ 174), où la main gauche joue *do, mi*, pendant que la droite joue *mi, do*, etc.

Jouez telle gamme en octave, à la tierce, à la sixte, etc., en mouvement semblable et contraire, en syncope, la main gauche frappant d'abord la première (N° 124), puis la droite commençant à son tour (n° 128) (1).

---

(1) Le maître désignera chacun de ces différents exercices comme il le voudra; la désignation qui pourra être le mieux comprise par l'élève sera la meilleure.

Jouez telle gamme chromatique à l'octave ou en octave, avec un accent de 2 en 2, 3 en 3, 4 en 4, 6 en 6, etc. Demandez quelle mesure cela donne, comment il faudrait l'écrire.

Jouez telle gamme majeure, mineure ou chromatique *en octave*, *sans octave* avec la tonique grave ou aiguë pour pivot ou point d'appui (n°ˢ 251 à 264), etc., etc. N'oubliez jamais que tous les exercices des gammes en octave doivent être joués dans l'étendue de deux, trois, octaves, etc., en mouvement semblable et contraire : 1° comme préparation, en répétant chaque octave quatre, trois, deux fois ; 2° en syncope, les deux mains commençant tour à tour. Ce dernier exercice surtout est excellent.

Il serait inutile de multiplier ces exemples d'application. Le maître ayant bien saisi l'esprit de la méthode, en tirera ce qu'il voudra, et indéfiniment ; car ces exercices mènent l'élève des difficultés les plus élémentaires aux plus transcendantes. Quant au routinier, mille exemples de plus ne suffiraient pas pour le convertir.

EXERCICES DE MÉCANISME

Deuxième Série

Exercices basés sur l'arpége de l'accord parfait et celui de 7ᵉ de dominante.

PRÉLIMINAIRE

Momentanément il faut habituer l'élève à représenter la note valant un temps par une noire ♩, c'est-à-dire à prendre la *noire pour unité de temps.* On aura ainsi, pour une mesure à 2 temps, 2 noires, exemple : ♩ ♩ pour une mesure à 3 temps, 3 noires ♩ ♩ ♩ et pour une mesure à 4 temps, 4 noires ♩ ♩ ♩ ♩.

Toutes les notes dont la réunion ne forment qu'un temps doivent être reliées par une *barre horizontale*, qui, elle aussi, est prise pour *unité de temps.* Ainsi, 2 notes valant ensemble 1 temps doivent s'écrire de la manière suivante : ♫. Trois notes valant 1 temps ♪♪♪ (cela forme généralement des triolets). Quatre notes valant 1 temps : ♬♬ cela veut dire que les 4 notes valent 1 temps, divisé en 2 groupes ou 1/2 temps qui comprennent chacun 2 notes dont la valeur de chacune est 1/4 de temps. Généralement on se contente d'écrire ainsi : ♬♬ ; mais il faut habituer l'élève à écrire correctement et à indiquer dans chaque temps ses subdivisions.

La ligne couvrant toutes les notes d'un temps représente donc

l'*unité de temps*, et les lignes *fractionnaires* marquent les *divisions*
du temps. Exemple : six notes étant données pour 1 seul temps,
comment les écrire? Il faut d'abord couvrir les 6 notes d'une barre
horizontale qui vaut l'*unité* de temps : ♫. Mais pour
que 6 notes, d'égale valeur, valent ensemble 1 temps, il faut
évidemment ou que 3 de ces notes valent ensemble 1/2 temps, ce qui
s'exprimera par 2 lignes fractionnaires : ♫ ou que 2 de
ces notes valent ensemble 1/3 de temps; ce qui s'exprimera par 3
lignes fractionnaires, comme suit : ♫. Dans le 1er cas
nous avons 6 notes pour 1 temps divisé en 2 demi-temps; donc un
son très-fort et 2 faibles; puis un son un peu moins fort que le 1er,
suivi de 2 faibles; donc 2 *sons forts* pour le temps. Dans le 2e cas,
nous avons 6 notes valant 1 temps, divisé en 3 tiers de temps, dont
chacun porte 2 notes; donc, cela nous donne un son très-fort et
un faible, puis 2 fois un son fort, un peu moins fort que le 1er,
suivi d'un son faible (1).

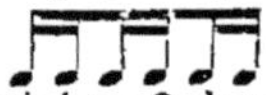

Huit notes pour 1 temps nous donneront le groupe suivant, ainsi
fractionné : ♫. La 1re barre (l'aiguë), couvrant les

(1) On ne devrait donc jamais écrire comme suit : ♫ 6 notes
pour 1 temps, car l'élève ne voit pas tout d'abord comment il doit accentuer
les notes intermédiaires du temps. Ces 6 notes par temps viennent-elles
de 2 groupes divisés chacun en 3 tiers ♫ formant une mesure
à 2 temps, avec 3 notes pour chaque temps (bino-ternaire), ou bien viennent-
elles de 3 groupes divisés chacun en 2 demies ♫ contenant
chacun 2 notes par temps, formant une mesure à 3 temps avec 2 notes pour
chaque temps (terno-binaire)? Il est absolument indispensable de voir cela
du premier coup. Il est nécessaire pour la bonne exécution que le groupe
composé de 6 notes porte en lui le cachet de son origine, et qu'il indique
d'où il provient.

Ce fait est de toute importance, et les compositeurs ont tort de le négliger
ou de ne pas s'y conformer.

On verra dans notre Traité de l'*Expression musicale* quel rôle important
jouent *les accents métriques*, c'est-à-dire les sons forts résultant de la
mesure du temps et de ses divisions, au point de vue de l'expression.

8 notes, indique qu'elles valent ensemble 1 temps. La 2ᵉ barre, celle du milieu, couvrant 4 notes, indique que les 4 notes valent 1/2 temps, enfin la 3ᵉ barre qui ne couvre que 2 notes, indique que ces 2 notes valent ensemble 1/4 de temps. Donc, chacune de ces notes ne vaut qu'un 1/8 de temps.

En résumé : la grande barre, celle qui couvre toutes les notes formant un temps, *représente le temps entier* ou *l'unité de mesure ;* les deux demi-barres indiquent que les notes qu'elles couvrent valent ensemble un 1/2 temps ; enfin les quatre petites barres indiquent que les notes qu'elles couvrent ne valent que 1/4 ou 1/6, ou même 1/9 de temps. Exemple :

1ʳᵉ barre	———————————	1 temps unité
2ᵉ »	————— —————	$\frac{1}{2}$ » demi
3ᵉ »	—— —— —— ——	$\frac{1}{4}$ » quart
4ᵉ »	— — — — — — — —	$\frac{1}{8}$ » huitième
1	———————————	unité de temps
$\frac{1}{3}$	———— ———— ————	tiers de temps
$\frac{1}{6}$	—— —— —— —— —— ——	sixième de temps

D'après cette manière de représenter la valeur des notes, on voit que croche veut dire demi ou tiers de temps ; double croche (on devrait dire demi-croche) veut dire quart ou sixième de temps.

———○○———

Dès que l'élève joue bien la gamme majeure et mineure de *do,* nous partageons le temps consacré aux exercices en trois parties, dont la première doit être employée au travail des gammes, formant la première série ; la deuxième, aux exercices d'arpéges, formant la deuxième série ; la troisième, aux exercices formant la troisième série. L'élève doit indiquer l'accord parfait majeur et mineur de la gamme qu'il vient de jouer, et faire ainsi pour toutes les gammes, en employant les procédés que nous avons indiqués au chapitre de la gamme harmonique (1).

Par exemple, il doit nommer les notes qui composent l'accord parfait de *do*, puis les frapper toutes d'un coup, en doublant la note grave à l'octave aiguë, si la main est assez grande (2).

Il doit ensuite montrer les deux renversements qui sont : *mi-sol-do-mi*, — *sol-do-mi-sol*, et les frapper aussi simultanément en doublant, bien entendu aussi, la note grave à l'octave aiguë. —Frapper *simultanément toutes les notes qui composent un accord*, cela se nomme *plaquer* un accord.

Toutes les notes composant un accord quelconque, à l'état direct ou dans les renversements, doivent être dites d'avance par l'élève, sans regarder le clavier. Puis il les montre avec un seul doigt, en indique le doigté, et enfin plaque l'accord.

Quand l'élève est assez familiarisé avec l'accord parfait, soit à l'état direct, soit dans les renversements, il frappe plusieurs fois de suite (les deux mains séparément), toutes les notes de l'accord parfait de *do*, l'une après l'autre : *do*, *mi*, *sol*, *do* aigu, avec une durée égale pour chacune, en commençant par la plus grave, qui, en outre, doit être un peu plus accentuée, comme nous le montre l'exemple n° 1, planche XX

Frapper ainsi, l'une après l'autre, les notes qui composent un accord, soit de bas en haut, soit de haut en bas, c'est ce qu'on appelle *arpéger* un accord (de harpéger, jouer à la manière de la harpe).

(1) Des 4 principaux accords généralement employés et que nous fournit *directement* la gamme harmonique, nous ne faisons arpéger que le premier (l'accord parfait) et le second (l'accord de la 7e de dominante), parce que le troisième (l'accord de sous-dominante) se présente aussi comme accord parfait et comme accord de dominante dans une autre gamme. Quant au 4e (l'accord de sous-médiante), l'arpége n'en offre plus aucune difficulté pour celui qui a travaillé l'accord parfait et l'accord de 7e de dominante dans tous les tons (surtout dans ceux qui ont pour tonique une touche noire), et dans tous les renversements, en mouvement semblable et contraire, et de la même manière en octave, si, toutefois, la main de l'élève est assez grande pour cela.

(2) *Dans tous les arpéges, l'élève doit doubler la note grave de l'accord, direct ou renversé, à l'octave aiguë :* il doit donc jouer : *do*, *mi*, *sol*, *do* (aigu), au lieu de *do*, *mi*, *sol*; — *mi*, *sol*, *do*, *mi* (aigu), au lieu de *mi*, *sol*, *do*, etc.

Cet exercice étant devenu familier à l'élève, il l'exécute les deux mains ensemble. Il serait bon, aussi, qu'il l'arpégeât de haut en bas, huit ou dix fois de suite, en *accentuant* cette fois la note aiguë, comme dans l'exemple n° 2, planche XX

Enfin il lui reste à enchaîner, à fondre en un seul ces deux exercices, en arpégeant l'accord (des deux mains séparément d'abord), de bas en haut, et, de suite après, de haut en bas, comme dans l'exemple n° 3, planche XX en donnant à chaque note une égale durée, en accentuant seulement le *do grave* et le *do aigu*. Cet exercice doit être répété huit ou dix fois.

On passe ensuite à un petit interrogatoire : Quels sont les sons forts les plus accentués? — Le *do* grave et le *do* aigu. — Se présentent-ils avec régularité, avec symétrie? — Oui.

Donc il y a *mesure*: *car il y a mesure toutes les fois que l'oreille perçoit un son fort et un son faible, un son fort et deux sons faibles, un son fort et trois sons faibles, se présentant régulièrement, périodiquement* à des distances égales.

Un son fort et un son faible d'égale valeur forment une mesure à deux temps.

Un son fort et deux sons faibles d'égale valeur forment une mesure à trois temps, et un son fort et trois sons faibles d'égale valeur forment une mesure à quatre temps.

Comment les sons forts se présentent-ils dans l'exercice qu'on vient de jouer? — De trois en trois, vu qu'il y a trois notes différentes dans l'accord : *do, mi, sol*, en montant; *do* (aigu), *sol, mi*, en descendant; et que la première, les *do*, étant seuls très-forts, on a dans cet exercice, en montant comme en descendant, un son fort suivi de deux sons faibles, tous trois ayant une égale durée; c'est-à-dire qu'on a deux fois une mesure à trois temps. — Comment l'écrirait-on? — Avec une noire pour chaque note; donc trois noires par mesure.

Tant qu'on joue *très-lentement*, on peut aisément, en montant comme en descendant, compter 1, 2, 3; mais en jouant très-vite, il deviendrait difficile, sinon impossible, de compter ainsi.

L'élève doit donc remarquer qu'en réalité il n'y a, dans cet arpége, que six notes dont l'ensemble forme une petite *série* ou *mesure* pouvant être partagée, subdivisée en deux *groupes* ou *temps*; les trois notes montantes formeront ainsi le premier temps, les trois notes descendantes, le second.

Il est donc préférable de faire *ressortir* ces *deux groupes* ou *temps*, tout en conservant à *l'ensemble* des notes le cachet de *l'unité* de *mesure*. La note grave servira à marquer le premier temps, et la note aiguë à marquer le deuxième; ce qui nous procurera deux *véritables notes jalons*. Le son *très-fort* commençant une série ou mesure servira de jalon à cette mesure; on *l'indique* en *traçant au-devant une barre verticale nommée barre de mesure;* le son un peu moins fort qui commence le groupe ou temps, servira de jalon aux temps; car après ces deux groupes, la même série recommençant, les mêmes notes se présentant, on ne peut s'empêcher de frapper un peu plus fort la note grave, celle qui commence la série, et un peu moins fort la note aiguë commençant seulement un groupe qui, en réalité, ne fait que compléter la série.

Les notes *do, mi, sol; do* aigu, *sol, mi,* jouées très-lentement formeront donc 2 mesures à 3 temps, avec *une* note par temps, ce qui nous donnera les 2 séries ou mesures suivantes : ♩ ♩ ♩ | ♩ ♩ ♩ ; jouées vite elles formeront 1 mesure à 2 temps avec 3 notes par temps ou groupe : ♫♪ ♫♪ exemple 4, planche XX.

Entre les notes qui forment une mesure et celle qui ne forment qu'un temps, il n'y a donc qu'une différence de vitesse. Toute série de notes formant une *mesure* peut donc devenir *temps* si on l'exécute le 1/2, le 1/3, ou le 1/4 plus vite (1).

---

(1) De ce fait important nous tirerons plus tard les conséquences les plus grandes en transformant les mesures simples à 3 temps en mesures composées; en transformant, par exemple, 2 mesures à 3 temps, avec une croche par chaque temps ♫♪ | ♫♪ ou mesure à 3/8 en une mesure à 6/8 ♫♪ ♫♪ . En réunissant ainsi 2, 3 ou même 4 mesures à 3 temps en une seule mesure, en ne donnant plus aux notes qui valaient *une mesure* que la valeur *d'un temps*, on obtient des mesures appelées composées ayant pour numérateur 6, 9, 12. Ex. : 6/8, 9/8, 12/8, etc.

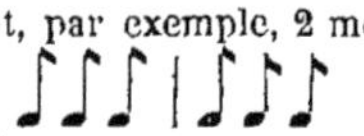

Maintenant nous disons à l'élève de jouer le même arpége dans l'étendue de deux octaves, mais toujours avec un accent, ou son fort de trois en trois, tout d'abord bien lentement. (N° 9, pl. XX.)

On lui demande : Quelle mesure cela donne-t-il ? — Quatre mesures à trois temps, avec *une* note par temps, deux mesures en montant, et deux en descendant. — Comment doit-on l'écrire ? — Avec des noires, ce qui donne quatre mesures contenant trois notes chacune.

L'exercice allant bien, l'élève arpége la moitié plus vite. Combien de séries ou mesures cela donne-t-il ? — *Une.* — Combien de groupes ou temps ? — Quatre, deux en montant, deux en descendant. — Combien de sons forts ? — Quatre. — Combien de notes par groupe ou temps ? — Trois, c'est-à-dire quatre fois un son fort suivi de deux sons faibles, quatre accents de trois en trois; ce qui donne une mesure à quatre temps. — Comment l'écririez-vous ? — En groupant les notes trois par trois sous une *barre horizontale* ou *temps*, formant chacune un *triolet*, de la manière suivante. (N° 10, pl. XX.)

En effet, quand les séries sont trop étendues, il vaut mieux les subdiviser en considérant le *son grave* et le *son aigu* chacun comme *jalon de série, comme commençant une mesure.* Il faut éviter entre les deux sons jalons un trop grand nombre de notes, car l'oreile perd alors le sentiment de l'unité, ainsi que les yeux quand ils embrassent une surface trop grande.

L'exercice allant toujours bien, l'élève joue la moitié plus vite. Combien de séries ? — Toujours une. — Combien de groupes ou de temps ? — Deux. — Combien de notes par temps ? — Six notes. Donc c'est une mesure à deux temps avec six notes par temps; c'est-à-dire six doubles croches par temps. — D'où vient chaque groupe ? — *De deux groupes contenant chacun trois notes.* On l'écrira donc de la manière suivante, qui permet de reconnaître l'origine, la souche bino-ternaire. (Exemple n° 15, pl. XX.)

Avant d'exécuter ces arpéges sur le premier et sur le deuxième renversement, il faut les faire jouer en mouvement contraire. (Exemple n° 23, 24 et 25; 31, 32, 33.)

Enfin il joue en mineur tous les arpéges qu'il a déjà parcourus en majeur. (N°s 6, 7, 8 ; 12, 13; 14, 16.)

Mais d'abord que faut-il faire pour rendre mineur l'accord majeur: *do, mi, sol?* — Il faut baisser le *mi* d'un demi-ton, le remplacer par *mi* ♭, et garder intactes les autres notes. — Cela change-t-il la mesure?—Nullement. — Quel changement cela produit-il donc? — L'accord, l'arpége mineur est plus doux.

Maintenant, l'élève joue l'accord *parfait majeur*, d'abord dans l'étendue d'une seule octave, *avec un accent* métrique de *deux en deux* notes: *do* fort, *mi* faible, etc. (Ex. 5, pl. XX.)

Combien de séries ou mesures? — Une seule. — Combien de sons forts, de groupes ou temps? — Trois. — Combien de notes par temps? — Deux. — Quelle mesure cela donne-t-il?— Une mesure à trois temps avec deux notes par temps. — Comment l'écrivez-vous?— En trois groupes, avec deux croches pour chacun.— Jouez maintenant le même exercice dans l'étendue de deux octaves. — Toujours avec un accent de deux en deux. — Combien de mesures ou séries cela donne-t-il? —Deux, le double de plus que tout-à-l'heure, c'est-à-dire deux mesures à trois temps avec deux croches par temps. Une mesure pour les notes ascendantes, et une autre pour les notes descendantes. La note aiguë *do*, de la deuxième octave, commence la série descendante ou deuxième mesure.(Ex. 11, planche XX.)

L'élève redoublant encore de vitesse, cela lui donne pour les mêmes notes une série ou mesure divisée en deux groupes ou temps, l'un formé par les notes montantes, l'autre par les descendantes, avec un accent de six en six, donc six notes pour chaque groupe, ce qui donne une mesure à deux temps avec six notes, six doubles croches pour chaque temps. — D'où viennent-elles? — *De trois groupes ou temps, avec deux notes pour chaque temps,* c'est-à-dire d'une mesure avec deux notes par temps ou d'une souche terno-binaire; ce qu'on doit écrire comme suit, de manière qu'on puisse y reconnaître cette origine : (Exemple 17, pl. XX.)

Comme on le voit, cette manière de placer les accents dans l'accord parfait, c'est-à-dire un *son fort de deux en deux*, est excellente, tant au point de vue métrique qu'au point de vue mécanique. Dans l'exercice où l'accent était placé de trois en trois, c'était le pouce et le petit doigt, exclusivement, qui s'exerçaient *à frapper* fort, tandis que dans celui-ci, c'est, en montant, le premier, le deuxième et le troisième doigt; en descendant, le deuxième, le troisième et le cinquième. Maintenant jouez tous ces exemples en *mineur*, en employant le même procédé que tout-à-l'heure.

Tous les accords *majeurs* et *mineurs* doivent être travaillés de cette manière, c'est-à-dire *avec un accent* (1) de deux en deux, de trois en trois, de six en six, etc. , et cela : 1° à l'état direct dans l'étendue d'un, de deux. de trois octaves, etc. (2); 2° dans le premier renversement; 3° Dans le second renversement; 4° par mouvement contraire; 5° dans l'étendue d'une, deux, trois octaves, etc.

A présent que nous avons arpégé l'accord parfait avec un accent de deux en deux, de trois en trois, de six en six, etc., il faut aussi le faire jouer avec un accent de quatre en quatre, ce qui donnera quatre doubles-croches par temps, mais cela demandera l'étendue de quatre octaves. (Ex. 19, pl. XX).

Tous les accords parfaits majeurs et mineurs exigent, pour cet exercice, une étendue de quatre octaves; car, nous le répétons à dessein, *il faut toujours faire en sorte que la note la plus grave et la note la plus aiguë commencent une mesure*. Enfin, on joue cet exercice avec un accent de douze en douze. (N°⁵ 17 *bis* et 18 *bis*, pl. XXII.)

Il est inutile de pousser plus loin cette démonstration. La règle à suivre en jouant les arpéges, la voici :

Quel que soit le nombre de notes qu'offre un arpége (ce nombre ne peut être qu'un multiple de trois ou de quatre, puisque l'accord parfait n'a que trois notes, et l'accord de septième de dominante quatre), il faut le diviser par 2, 4, 6, 8, 3, 6, 9, 12, *qui représentent le nombre de notes qu'aura chaque temps*, de même que *le quotient représente le nombre de temps*. Ex.: L'accord parfait se composant de trois notes, produit donc, dans l'étendue d'une octave, une mesure à trois temps en montant, et une mesure à trois temps en descendant. Les six notes réunies étant divisibles par deux et par trois, cela nous donnera : 1° une mesure à trois temps avec deux notes par temps; 2° une mesure à deux temps avec trois notes par temps. Dans l'étendue de deux octaves, cet accord offre douze notes, nombre divisible par 2, 4, 3 et 6.

---

(1) C'est-à-dire avec 2, 3, 6 notes par temps. Pour nous, les mots *accent* ou *temps* sont synonymes.

(2) L'accord parfait majeur et mineur avec un accent *de deux en deux* ne *doit jamais être joué dans l'étendue de 3 octaves*, car il faut absolument faire en sorte que, dans tous les arpéges, *la note grave et la note aiguë commencent une mesure*, c'est-à-dire tombent au commencement d'une mesure.

Nous aurons donc : 1° douze divisés par deux, c'est-à-dire une mesure à six temps (deux mesures à trois temps), avec deux notes par temps ; 2° douze divisés par quatre (1), c'est-dire une mesure à trois temps avec quatre notes par temps ; 3° douze divisés par trois, c'est-à-dire une mesure à quatre temps avec trois notes par temps ; 4° douze divisés par six, c'est-à-dire une mesure à deux temps avec six notes par temps.

Dans l'étendue de trois octaves, cet accord offre dix-huit notes qui peuvent être divisées par 2, 3, 6, 9, ainsi qu'il suit : 1° dix-huit divisés par deux, cela nous donne une mesure à neuf temps, avec deux notes par temps (c'est-à-dire trois mesures à trois temps). Mais cette mesure ne pouvant être subdivisée que par trois, ce qui donnerait trois mesures, il faut renoncer à cette division ; 2° dix-huit divisés par trois, donne une mesure à six temps, avec trois notes par temps (c'est-à-dire deux mesures à trois temps) ; 3° dix-huit divisés par six, donne une mesure à trois temps, avec six notes par temps ; 4° dix-huit divisés par neuf, donne une mesure à deux temps, avec neuf notes par temps.

Dans l'étendue de quatre octaves, cet accord offre vingt-quatre notes divisibles par 2, 4, 8, 3, 6, 12, etc. Quand le quotient dépasse quatre, il faut le diviser par trois ou par quatre, la musique n'admettant pas de mesure qui ait plus de quatre temps. Six temps doivent donc former deux mesures à trois temps ; huit temps, deux mesures à quatre temps, etc. Quant aux quotients 5, 7, etc., il faut les éviter, ainsi qu'on l'a fait quand ils se présentaient comme diviseurs. Rien n'est anti-métrique, anti-musical comme *des suites de cinq ou de sept notes*.

Il faut faire jouer les accords parfaits d'abord très-lentement, puis de plus en plus vite, avec un accent de trois en trois, de six en six, de neuf en neuf, et plus tard, de préférence, avec un accent de deux en deux, de quatre en quatre, de huit en huit, de douze en douze ; les accords de septième de dominante avec un accent de trois en trois, de six en six, de douze en douze ; puis de préférence aussi, avec un accent de deux en deux, de quatre en quatre, de huit en huit.

Tous les exemples d'arpéges que nous donnons à l'octave,

____

(1) Dans cet exercice la note aiguë ne coïncidant pas avec la 1re note de la mesure, il faut la laisser de côté.

doivent être joués aussi en octaves, dans *tous les renversements*, majeurs et mineurs, en mouvement semblable et en mouvement contraire, avec différentes positions ou renversements aux deux mains, autant que le permet l'étendue du clavier.

Par exemple: la main droite joue dans l'état direct, la gauche le premier renversement, etc., etc. (Exemple: 125, pl. XXVI.)

Mais tout exercice en octave doit être être préparé, ainsi que nous l'avons indiqué à la fin des exercices sur les gammes, c'est-à-dire qu'il faut frapper chaque octave :

1° Quatre fois de suite. (Exemple N° 120, pl. XII.)

2° Trois fois de suite. (Exemple 121.)

3° Deux fois de suite. (Exemple 122.)

4° La main gauche avant la droite. (123 et 124.)

5° Une fois les deux mains simultanément ; (127 et 128.)

6° La main droite d'abord, puis la gauche ; d'abord en majeur, puis en mineur ; par mouvement semblable, puis en mouvement contraire. Dans l'étendue d'une octave d'abord, puis sur tout le clavier, avec le poignet et avec le bras (1).

Si nous n'avons pas écrit en octave tous les exercices que nous donnons à l'octave, ce n'est que pour éviter un trop grand nombre de planches.

Tout ce que nous venons de dire de l'accord parfait doit être appliqué à l'accord de septième de dominante. Toutes les combinaisons d'exercices qu'on a pu faire sur l'accord parfait doivent être faites aussi sur l'accord de septième de dominante. On les exécute d'abord très-lentement et dans l'étendue d'une octave, puis de plus en plus vite, et dans l'étendue de plusieurs octaves.

Il est bon, après chaque exercice, d'interroger l'élève sur la mesure que cela donne, et sur la manière de l'écrire.

Quand l'élève est une fois maître des arpéges, il exécute, sur l'indication du professeur, tel ou tel exercice dans tel ou tel ton. Le professeur lui dit simplement : Jouez, par exemple, l'accord de septième de dominante de *si*, *avec un accent de trois en trois, de quatre en quatre*, etc., etc., la main gauche à l'état direct, la droite au premier renversement, d'abord à l'octave, ensuite en

____

(1) Au lieu de dire : Jouez avec le poignet, nous disons : Jouez main-mortel et l'élève nous comprend à merveille.

octave. L'élève doit laisser de côté les exercices faciles et consacrer son temps aux difficultés. Les arpéges exécutés avec différentes positions aux deux mains (c'est-à-dire, par exemple, premier renversement à la main gauche, état direct ou deuxième renversement à la main droite, etc., etc), ne doivent jamais être abandonnés, surtout en octave et en mouvement contraire.

Nous recommandons en particulier les exercices n° 121 et suivants qui doivent être joués dans différentes positions aux deux mains.

Il va sans dire que le professeur doit aider, guider l'élève, l'exciter à vaincre la difficulté, et n'épargner ni indications, ni remarques. Sitôt qu'une difficulté se présente, il faut la préparer, l'isoler, Rien ne résiste à cette manière de procéder. Toujours, toujours commencer les deux mains séparément.

Les accords majeurs surtout doivent être travaillés avec un accent de deux en deux et de quatre en quatre (deux ou quatre notes par temps), les accords de septième de dominante avec un accent de trois en trois, et de six en six. Tout cela *dans tous les renversements*, par mouvement semblable et en contraire, en octave, et avec différentes positions aux deux mains.

EXERCICES PRATIQUES

L'élève doit écrire entre chaque leçon, à titre de devoirs, les exercices qu'il aura joués durant la leçon précédente; il les écrit d'abord en *do*, en clé de *sol*; plus tard, dans un ton quelconque, aux deux clés *sol* et *fa*.

Lorsque l'élève sera plus avancé, le professeur lui donnera à écrire tel ou tel exercice dans tel ou tel ton, majeur ou mineur, par mouvement semblable ou contraire, dans l'étendue de tant d'octaves, avec un accent de trois en trois, de quatre en quatre, de six en six, etc., en octave, etc., etc.

Tous les exercices de ce mécanisme que nous donnons doivent être écrits par l'élève au fur et à mesure, à titre de devoirs, en clés de *sol* et *fa*.

TROISIÈME SÉRIE D'EXERCICES.

Les exercices de cette série doivent d'abord être joués, musique devant les yeux, tels que nous les donnons.

Il faut en jouer chaque jour quelques numéros, *concurremment* avec les exercices des deux autres séries.

Quand l'élève se sera rendu maître de ces exercices en *do* majeur et mineur, il les transposera en *sol*, en *ré*, etc., etc., mettra lui-même le doigté, et les jouera dans ces différents tons, d'abord très-lentement et les deux mains séparées, puis avec une vitesse progressive et les deux mains ensemble.

Nous ne saurions assez recommander de faire travailler tous les jours les n°ˢ 1 à 10, pl. XXXVI de cette série. Rien n'est plus propre, selon nous, à donner une excellente tenue à la main, de la force aux quatrièmes doigts, et aux pouces l'habitude de passer sous les autres doigts. Ces exercices donnent en outre le sentiment de la mesure à un degré supérieur.

Les exercices n°ˢ 10 à 40, pl. XXXVII doivent être travaillés avec une immobilité complète de la main ; les doigts seuls se lèvent et frappent.

Les exercices n°ˢ 40 à 46, pl. XXXIX, doivent aussi être travaillés avec zèle et patience, les deux mains séparées, et très-lentement d'abord. Rien ne prépare mieux au jeu des fugues, canons, à l'exécution des morceaux des auteurs classiques ; rien ne donne autant d'indépendance aux deux mains que cette méthode.

DERNIÈRES RECOMMANDATIONS.

1 Ne faire jamais jouer aucun exercice, et particulièrement aucune gamme, sans que la main gauche l'ait d'abord travaillé seule et surtout en mouvement *descendant* ;

2° Faire jouer sans regarder les doigts ni le clavier. Le travail dans l'obscurité ne peut être assez recommandé pour ce genre d'exercices; de plus, l'élève n'étant pas préoccupé de la lecture, pourra cultiver l'oreille et chercher à obtenir une belle sonorité, des sons pleins et ronds. Il pourra acquérir surtout le sentiment de la tonalité; pour cela il devra jouer, pendant des semaines entières, des gammes et exercices en *ré* ♭, *la* ♭, et *sol* ♭ majeurs; et lorsque son oreille sera saturée de ces tons, il les quittera et jouera en *mi* ou en *si* majeur, etc. Cette transition brusque lui fera bien sentir la différence, le contraste des tonalités par ♯ et ♭;

3° N'oublions pas qu'aussitôt qu'un exercice n'offre plus de difficultés en *legato*, il faut le jouer *staccato*, avec la première note prolongée, etc., *crescendo* en montant, *diminuendo* en descendant (voir les recommandations, pages 9 et 10);

4° Ne jamais laisser jouer aucun exercice sans demander quelle mesure cela donne, comment il faut l'énoncer, combien elle contient de temps, combien de notes par temps, enfin, comment on doit l'écrire. Surtout ne jamais laisser jouer aucun exercice sans mesure;

5° Demander le but et l'utilité de l'exercice que l'on fait jouer;

6° Il est inutile de faire jouer *tous* ces exercices dans toutes les gammes; au contraire il faut les faire jouer par fragments, tels et tels numéros dans telle ou telle gamme, et tels autres numéros dans telle autre gamme, selon le besoin, l'utilité et surtout en vue du morceau, de l'étude qu'on doit travailler;

7° L'élève doit écrire les gammes et les arpéges à la clé *sol* et *fa*. Il prendra d'abord *la noire comme unité de temps*, exprimera par une noire la note valant un mouvement ou un temps, et par des croches deux ou trois notes valant un temps, etc. Plus tard, il devra aussi prendre la croche comme unité de temps, etc.;

8° Dans tout exercice où il y a deux notes par temps (un accent de deux en deux), on comptera d'abord 1, 2, sur *chaque temps*, en appuyant un peu sur la 1re moitié du temps; à trois notes par temps, on comptera d'abord 1, 2, 3, et ce n'est que quand cet exercice sera bien exécuté *qu'on ne comptera plus que 1 par temps*;

9° Tout exercice qui pourrait paralyser, retarder les progrès de l'élève doit être mis de côté. Ainsi, il faut abandonner les exercices préparatoires aussitôt qu'ils sont devenus inutiles. Il était de notre devoir de préparer, d'aplanir toute difficulté; mais notre sollicitude ne doit pas aller jusqu'au point d'arrêter l'élève dans son élan. Nous conservons cependant les exercices préparatoires en octave, car ils offrent un excellent travail pour le poignet ;

10° Tous les exercices doivent être joués par les deux mains simultanément (après préparation, bien entendu); la main gauche joue une ou deux octaves au-dessous de la droite. Mais on prend le point de départ d'un exercice où l'on veut, à n'importe quelle octave du clavier, là où l'on a le plus de latitude ;

Cependant il est bon d'*habituer la main gauche à jouer dans la partie aiguë du piano* ;

11° Arpéger l'accord parfait majeur et mineur, surtout dans le premier renversement et avec un accent de 2 en 2 et de 4 en 4 ;

12° Arpéger l'accord de septième de dominante, surtout dans le deuxième et le troisième renversement, avec un accent de 3 en 3 et de 6 en 6 ;

13° Jouer les gammes et exercices de préférence dans des tons qui ont beaucoup de ♯ ou de ♭, afin de familiariser l'élève avec les touches noires ;

14° Tous les exercices d'arpéges majeurs et mineurs doivent être joués en octave, autant que le permet l'étendue du clavier, par mouvement semblable et contraire ;

15° Les exercices qui ont double queue doivent être joués de deux manières ;

16° Donner le plus possible de devoirs écrits entre chaque leçon, surtout des tableaux à faire ;

17° Faire déchiffrer beaucoup, surtout de petites études très-faciles, car les études offrent généralement un travail plus profitable à la main gauche que les morceaux ordinaires. Nous choisissons pour cet exercice des études *bien au-dessous de la force de l'élève*, afin qu'il en puisse jouer plusieurs par chaque leçon. Ainsi, les petites études de MM. Lemoine, Concone, Leduc, Bertini, Burgmüller, Comettant, Lefébure-Wely, *l'Art de déchiffrer*, par Marmontel, etc., etc., sont excellentes pour ce travail ;

18° Faire jouer fréquemment des accompagnements de romances et des études à quatre mains ;

19° Faire *jouer de mémoire* de petits morceaux, tels que les *récréations* de la méthode, danses, etc. Puis *les faire écrire aussi de mémoire* par l'élève ;

20° Tous nos exercices *peuvent* être joués à quatre mains, bien entendu dans les limites, et selon les ressources du clavier. C'est un excellent exercice de mesure ;

21° Dans les pensions et couvents, où d'ordinaire chaque élève ne reçoit qu'une demi-heure de leçon, trois fois par semaine, il est impossible de prendre encore sur ce temps pour les principes. Nous avons l'habitude de réunir toutes nos élèves trois fois par semaine, une demi-heure chaque fois, pour une leçon commune ; de cette manière chaque élève perd, à la vérité, une leçon de piano à tour de rôle, mais, en revanche, il gagne autant de leçons de principes qu'il y a d'élèves. Ceci est de la plus haute importance ;

22° Si l'élève ne comprenait pas les indications du maître sur un exercice à exécuter, celui-ci devrait jouer cet exercice en *do*, puis l'élève le transposerait en d'autres tons ;

23° Nous regardons comme une des plus grandes difficultés de faire jouer à une main un exercice binaire et à l'autre un exercice *ternaire* ; par exemple, le n° 37 pour la.main gauche et le n° 39 pour la droite. A quatre mains, cette difficulté sera brisée sans effort ;

24° Il faut que l'élève fasse un questionnaire sur chaque chapitre de théorie et l'accompagne de réponses correspondantes ;

25° Si, dans un morceau ou étude quelconque, il se rencontre des difficultés qui ne se trouvent pas préparées par nos exercices, il faut les isoler, les préparer ; il faut se les approprier et les jouer comme nos exercices dans différents tons.

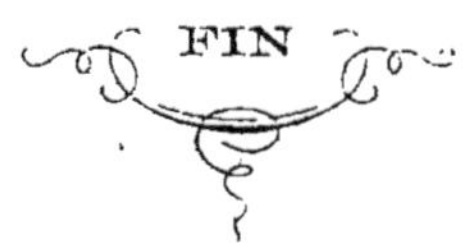

FIN

TABLE.

	Pages
Préface	1
Principes méthodiques	9
De la gamme majeure	15
Tableau des gammes majeures	19
De l'armure	27
Fonctions des notes de la gamme	30
Origine de la gamme	34
De la gamme mineure	37
Tableau des gammes majeures et mineures de même base	39
Tableau des gammes majeures et mineures relatives	42
Armure des gammes mineures	46
De la gamme chromatique	47
De la gamme ou formule harmonique	49
Tableau général des gammes harmoniques majeures et mineures de même base	51
De la modulation	65
Tableau général des gammes harmoniques majeures et mineures relatives	67
De la cadence	83
Doigté des gammes et arpéges	90
Exercices de mécanisme, première série	97
Id. deuxième série	107
Id. troisième série	119
Dernières recommandations	119

Paris. Typ. JULES-JUTEAU et FILS, rue St-Denis, 341.

EXERCICES DE MÉCANISME

PREMIÈRE

DEUXIÈME ET TROISIÈME SÉRIES

1ʳᵉ SÉRIE.

EXERCICES DES GAMMES.

Préparations au *mouvement semblable* des Gammes majeures ayant pour tonique une touche blanche.

Gammes majeures par *mouvement semblable*, ayant pour tonique une touche blanche. (La main gauche joue une Octave au dessous de la droite.)

Après avoir fait jouer ces Gammes *legato*, telles qu'elles sont écrites, il faut les faire jouer *staccato* ou , avec une prolongation comme suit: ou et, enfin, avec un *silence* comme suit:

De même dans l'étendue de 3 et 4 Octaves.

Préparations au *mouvement contraire* des Gammes maj: ayant pour tonique
une touche blanche. (La main gauche joue 2 Octaves au dessous de la droite.)

Nous faisons jouer les Gammes ayant pour tonique une touche blanche
par *mouvement contraire* d'abord, cela est plus facile, vu que les mêmes doigts
aux 2 mains, coincident, frappent simultanément. Ainsi nous commençons,
l'étude des Gammes par le N.º 22. Tous ces Exercices en Octave.

Il ne faut jouer ces Exercices qu'après ceux des pages VIII et IX.

Tous ces Excercices doivent être joués en Octave autant que le permet l'étendue du clavier, et après préparation.

Préparations au *mouvement semblable* de toutes les Gammes mineures ayant pour tonique une touche blanche .

Gammes mineures par mouvement *semblable* ayant pour tonique une touche blanche (La main gauche joue une Octave au dessous de la droite.)

De même dans l'étendue de 3 et 4 Octaves.

Préparations au *mouvement contraire* des Gammes mineures ayant pour tonique une touche blanche (La main gauche joue 2 Octaves au dessous de la droite.)

Tous ces Ex: aussi en Oct.

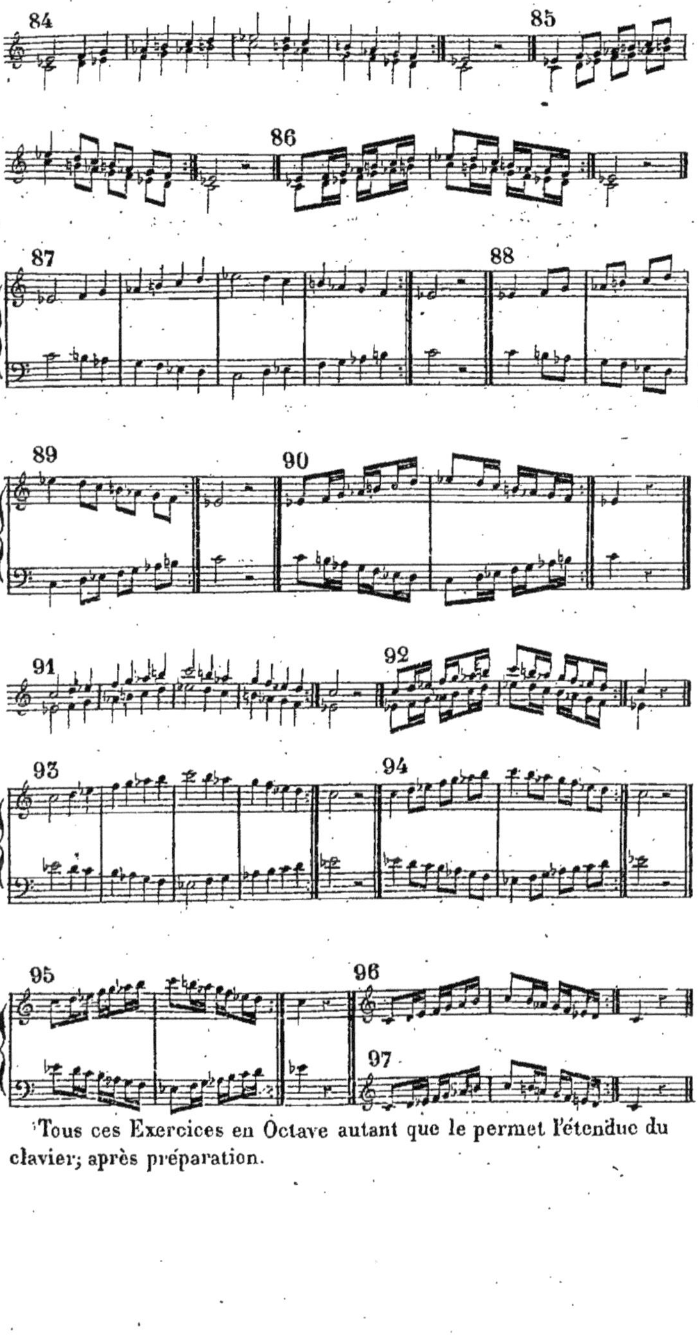

Tous ces Exercices en Octave autant que le permet l'étendue du clavier; après préparation.

Les Gammes ayant pour tonique une touche noire, étant très difficiles en *mouvement contraire*, nous donnons ici des modèles de préparation. Toutes ces Gammes doivent être préparées et travaillées de cette manière.

1.° en majeur, chaque main séparément d'abord, les 2 mains ensemble ensuite.

2.° en mineur (en baissant la tierce et la sixte) chaque main séparément d'abord, les 2 mains ensemble ensuite.

Préparation au *mouvement semblable et contraire* de la Gamme de *la* ♭ à la 3.°

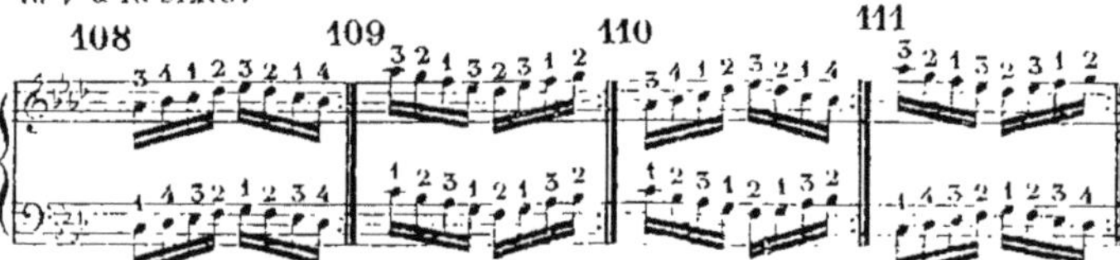

Préparation au *mouvement semblable et contraire* de la Gamme de *la* ♭ à la sixte.

Tous ces Exercices en Octave.

La main gauche doit jouer 2 Octaves aù dessous de la droite.

Chaque Exercice d'abord majeur et de suite mineur.
Tous ces Exercices aussi dans l'étendue de 2 et 3 Octaves.

La main gauche joue deux Octaves au dessous de la droite.
Chaque Exercice mineur immédiatement après majeur.
De même dans l'étendue de 2 et 3 Oct.

Tous ces Exercices doivent être joués dans l'étendue de 2 et 3 Octa_
ves autant que le permet l'étendue du clavier. Chaque Exercice min:
immédiatement après l'avoir joué maj.

Aussi dans l'étendue de 2 et 3 Octaves. Chaque Exercice min: immédiatement après l'avoir joué maj.

La main gauche joue une ou deux Oct: plus bas.

Chaque Exercice mineur immédiatement après majeur.

De même dans l'étendue de 2 et 3 Oct.

La main gauche joue les mêmes Exercices une ou 2 Octaves plus
bas, aussi dans l'étendue de 2 Oct: et en mouv.t contraire.

La main gauche joue 2 Octaves au dessous de la droite. Chaque Exercice mineur immédiatement après majeur, et dans l'étendue de 2 Octaves.

La main gauche 2 Octaves plus bas que la droite. Chaque Exercice majeur immédiatement aprés mineur.

2ᵉ SÉRIE.

EXERCICES D'ARPÉGES.

Les mêmes Exercices en Octave autant que le permet l'étendue Clavier.

Tous ces Exercices en Octave autant que le permet l'étendue
du Clavier, après préparation.

Tous ces Exercices en Octave autant que le permet l'étendue du
clavier, après préparation.

Tous ces Exercices en Octave autant que le permet l'étendue du clavier et après préparation.

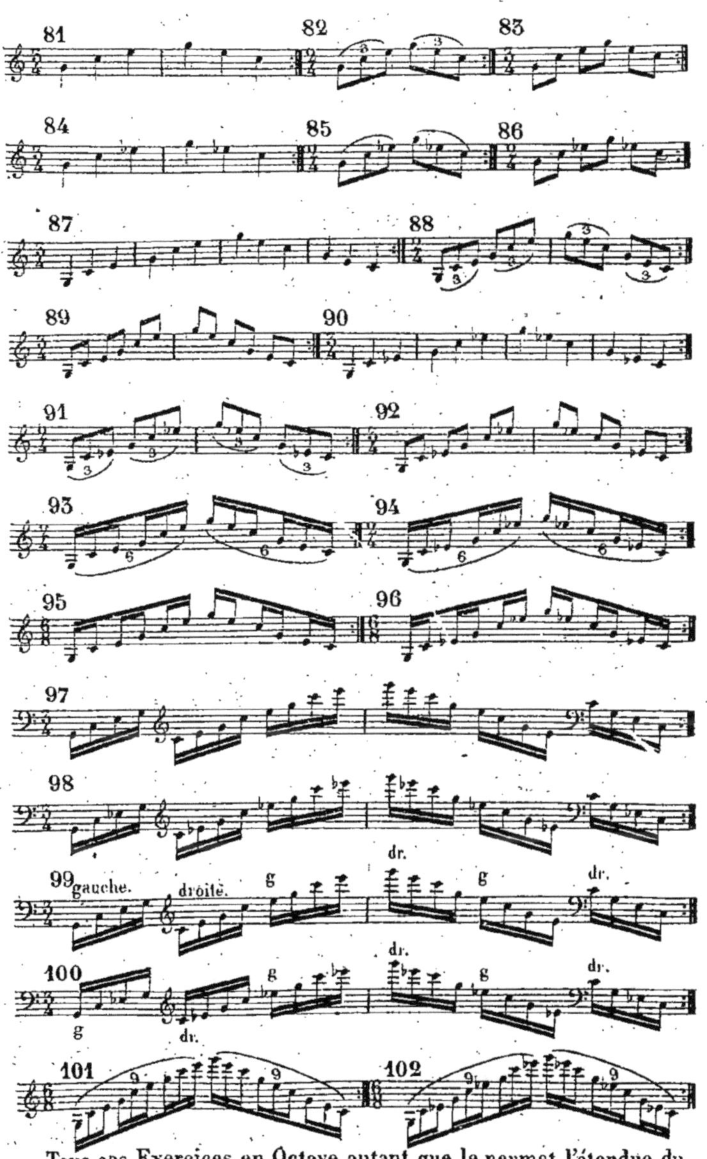

Tous ces Exercices en Octave autant que le permet l'étendue du clavier; après préparation.

Tous ces Exercices doivent être joués en Octave antant que le per_
met l'étendue du clavier; après préparation.

Tous ces Exercices doivent être joués 1.° en mineur;

2.° dans l'étendue de 2 et 3 Octaves avec différents accents; aussi ma-jeur et mineur.

3.° en Octave autant que le permet l'étendue du Clavier; aussi majeur et mineur.

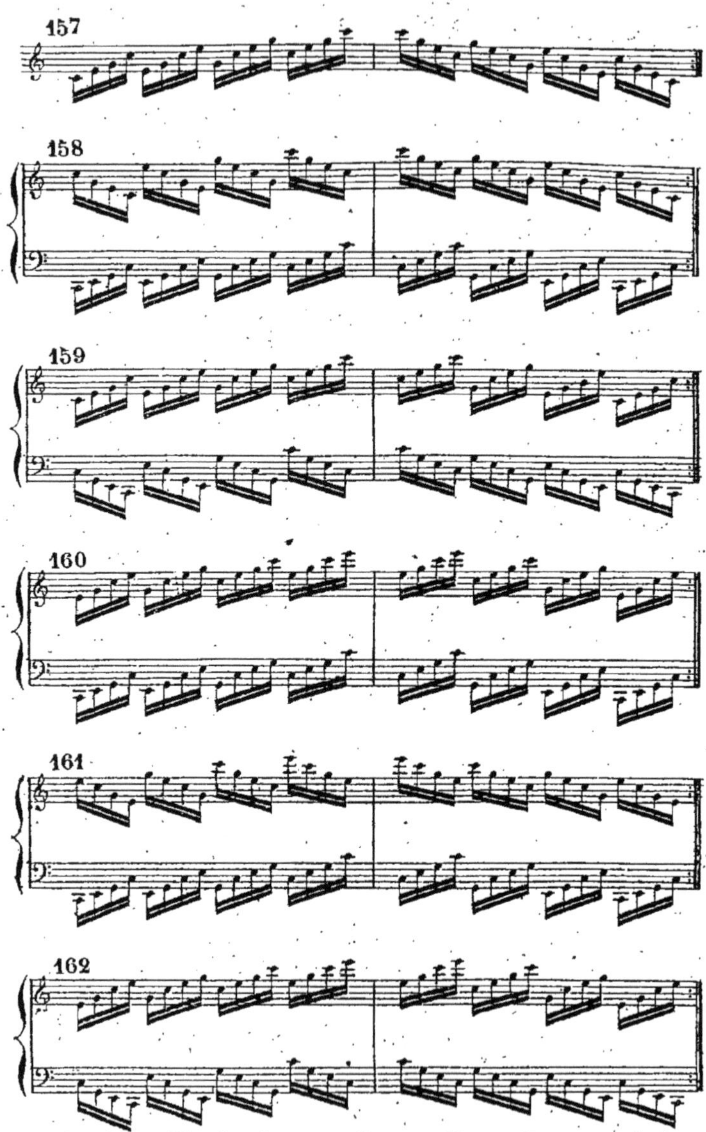

Aussi dans l'étendue de 2 et 3 Octaves. Chaque Exercice min: im_
médiatement après l'avoir joué maj; et en Octave.

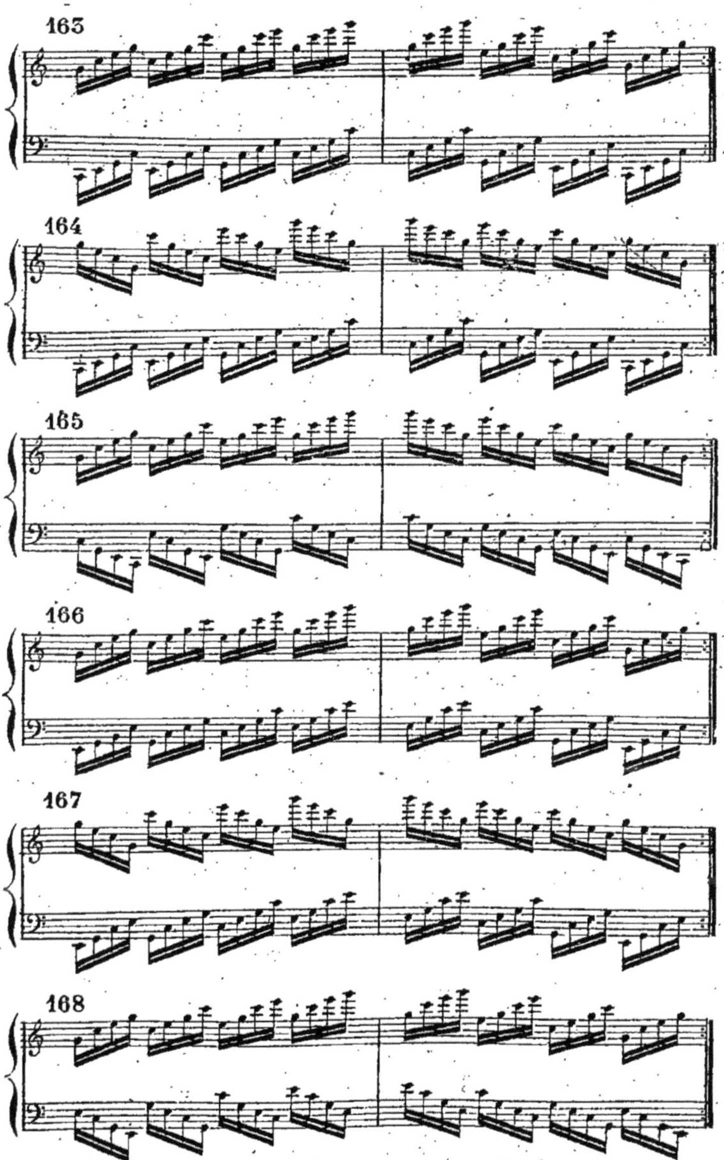

De même dans l'étendue de 2 et 3 Octaves; chaque Exercice mineur immédiatement après l'avoir joué majeur; et en Octave.

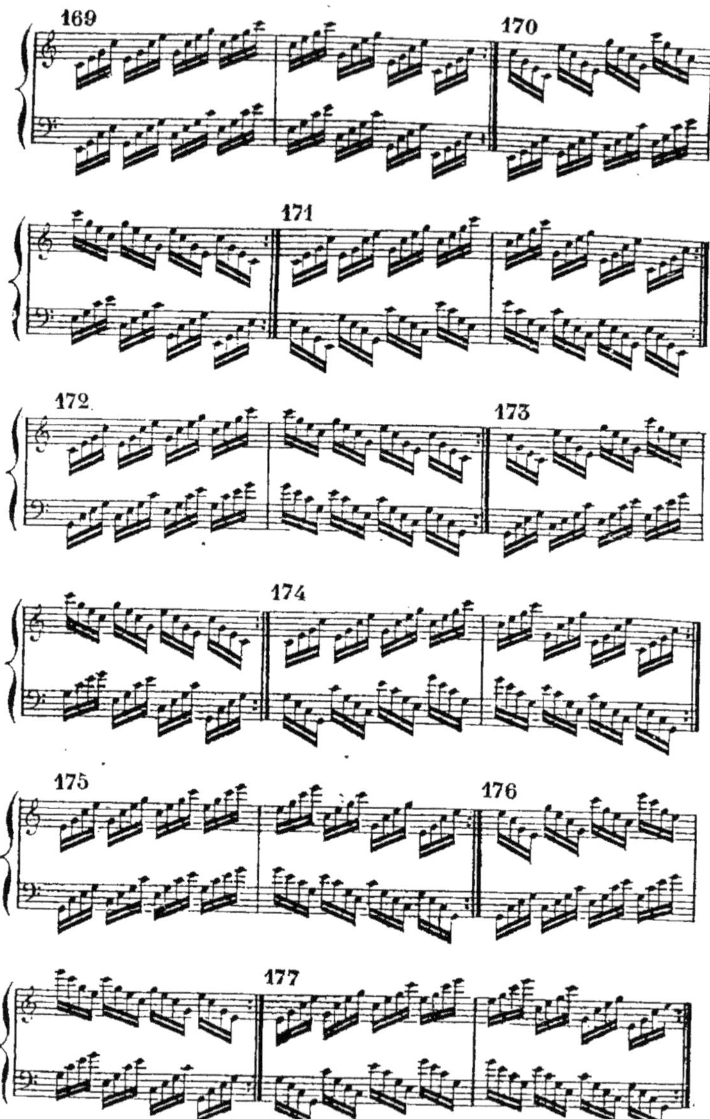

De même dans l'étendue de 2 et 3 Octaves; mineur après majeur et en Octave autant que le permet l'étendue du Clavier.

PRÉPARATION DE TOUS LES EXERCICES EN OCTAVES.

Préparer un Exercice en Octave c'est d'abord frapper 4 fois, puis 3 fois, puis 2 fois et enfin une seule fois chaque Octave. En frappant plusieurs fois la même Octave l'élève a le temps de réfléchir, de s'orienter Il applanit la difficulté qu'il rencontrerait s'il ne les jouait qu'une seule fois.

Préparations de l'arpège de l'accord parfait, état direct, en Octave par mouvement contraire.

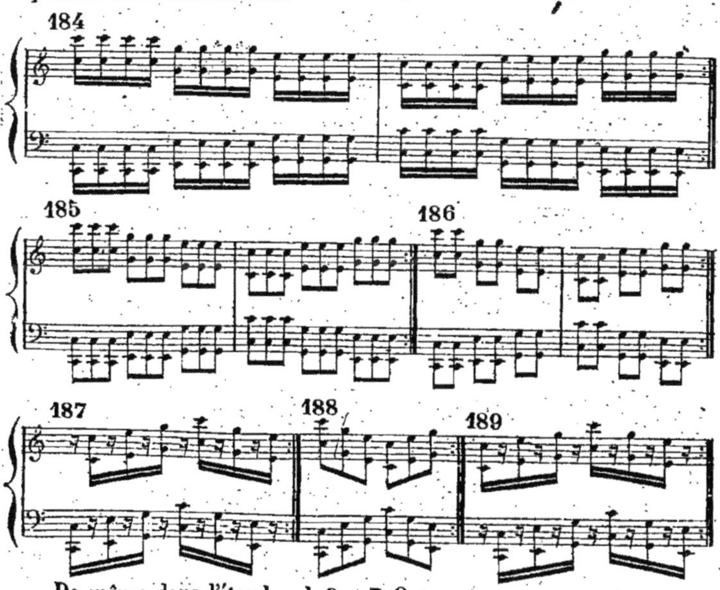

De même dans l'étendue de 2 et 3 Octaves.
Les mêmes Exercices en mineur.

Pour les petites mains on supprime la note aigüe de chaque accord.
La main gauche joue 2 Octaves au dessous de la droite.

Aussi en mineur, et dans l'étendue de 2 et 3 Octaves.

Appliquez ces 12 Exercices aux 1.er, 2.me et 3.me Renversements.

Il faut faire jouer ces Exercices en Octave autant que le permet l'étendue du Clavier et après préparation.

Appliquez ces 10 Exercices aux 1er 2me et 3me Renversement et aux Exercices à la tierce à la page suivante.

Jouez ces Exercices en Octave autant que le permet l'étendue du Clavier.

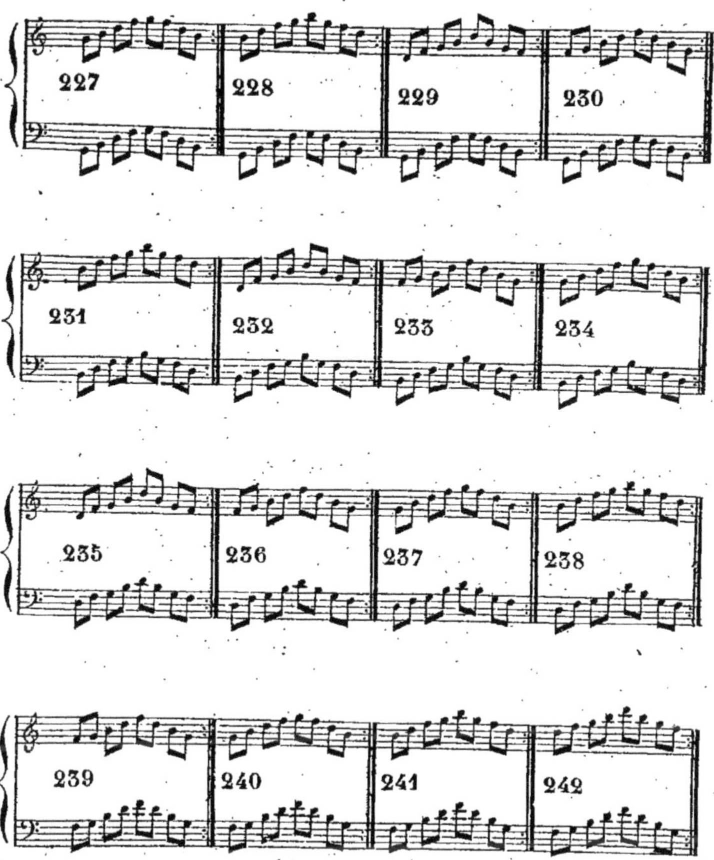

Il faut faire jouer et écrire ces Exercices dans l'étendue de 2 et
3 Octaves; par mouvement semblable et contraire, avec un accent de
2 2, 3 3, 4 4, 5 5, 6 6 etc. et en Octave, après préparation
bien entendue autant que le permet l'étendue du Clavier avec les différents accents.

Pour les petifes mains on supprime la note aigüe de chaque accord. Aussi dans l'étendue de 2 Octaves. La main gauche joue 2 Octaves au dessous de la droite.

Aussi dans l'étendue de 2 Octaves.

3ᵐᵉ SÉRIE.

à jouer tous les jours.

La main debout et immobile, les doigts seuls doivent faire l'articulation.

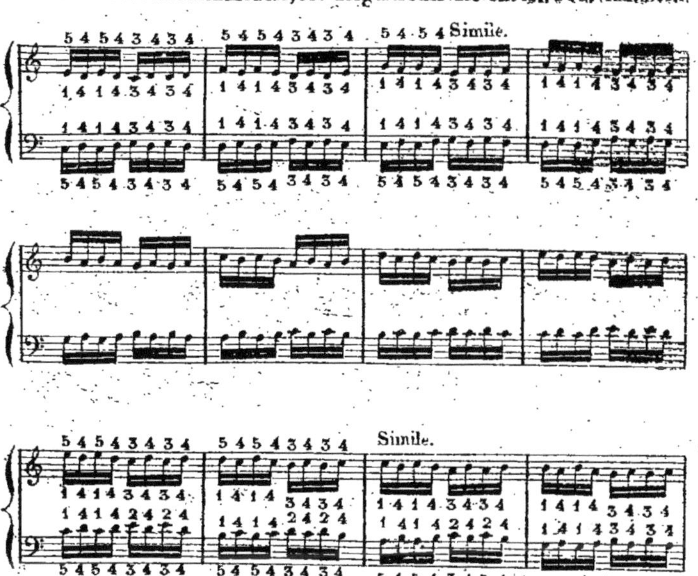

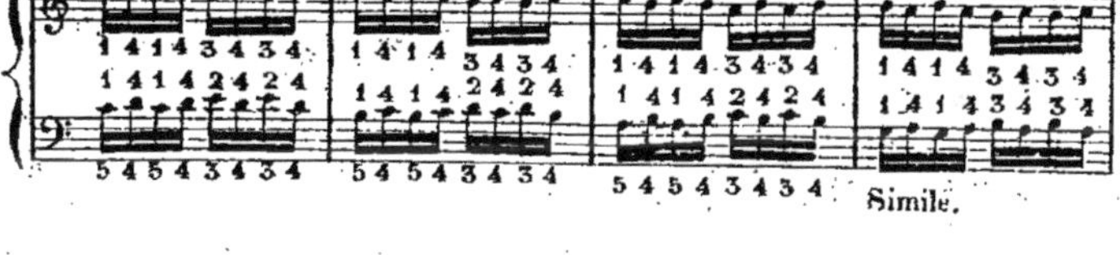

19 La main gauche joue 1 ou 2 Octaves au dessous de la droite.
13 24 3 5
5 3 4 2 3 1
20
etc.
etc.
21
22
23
etc
etc.
etc
24
25
26
2321 2432 3543
5345 423 4 3123
etc
etc.
27
28
etc.
etc.
etc.
29
etc
etc
30
31
etc.
etc.
32
33
etc.
etc.

L'élève doit copier ces Exercices *en entier*, majeurs et mineurs, les *transposer* dans différents tons et les doigter.

40.

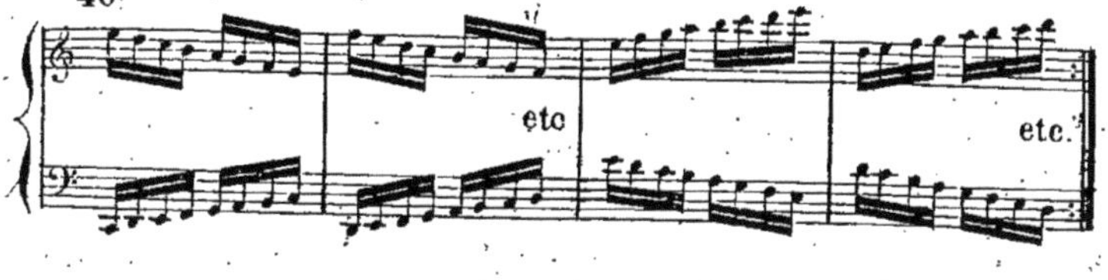

etc

etc.

41

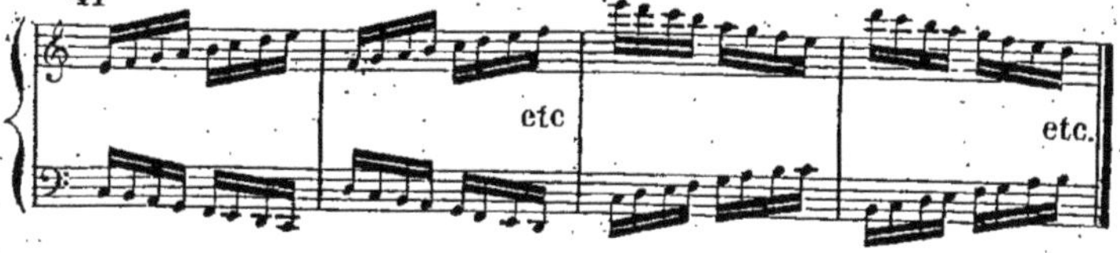

etc

etc.

42

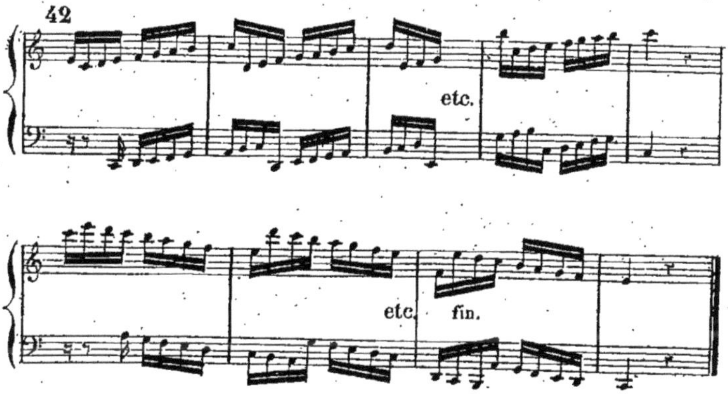

etc.

etc. fin.

43

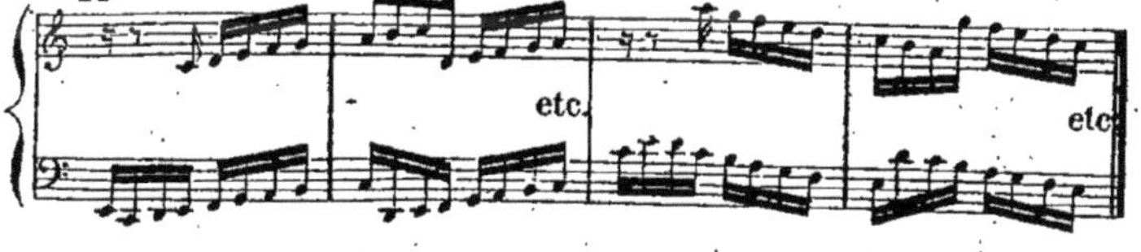

etc.

etc

L'élève doit copier ces Exercices en entier, majeurs et mineurs les transposer dans différents tons et les doigter.

2

PARIS, Imp. Ch. THINOCQ, rue du F9 St Martin 113.